MODERNES RUSSISCH

МОСТ 1

Ein Russisch-Lehrwerk für Anfänger

von
Irma Adler, Ljudmila Bolgova,
Julie Dost und Nelli Zentner

neu bearbeitet von
Irma Adler und Ljudmila Bolgova

Ernst Klett Sprachen
Barcelona Budapest London Posen
Sofia Stuttgart

Vorwort

MOCT – auf deutsch „Brücke" – ist das bewährte Lehrwerk im Programm Modernes Russisch. Der 1. Band liegt nun in einer aktualisierten Neubearbeitung vor. Dabei wurde die von manchen als zu steil empfundene Progression gemildert, der Stoff auf mehr Lektionen aufgeteilt. Da insgesamt aber nicht mehr Umfang zur Verfügung stand, verzichteten die Autorinnen in der Neubearbeitung auf die Wiederholungslektionen. Der Stoff ist also nunmehr auf mehr „echte" Lektionen verteilt, die häufiger als früher integrierte wiederholende Elemente beinhalten.
MOCT 1 wendet sich an erwachsene Lerner ohne Vorkenntnisse und an ältere Schüler, die Russisch als spät einsetzende Fremdsprache erlernen. Das Lehrbuch enthält 20 Lektionen, die alle nach dem gleichen Prinzip aufgebaut sind: Strukturdialoge führen die jeweiligen thematischen und grammatischen Schwerpunkte ein. Kommunikative Übungen fordern gleich von Anfang an zum Sprechen und Zuhören auf. Die grammatischen Strukturen werden in graphischen Darstellungen veranschaulicht. Die Haupttexte behandeln, unter Verwendung der in den Strukturdialogen eingeführten Sprachmuster, interessante Themen, an die sich wieder Gesprächsübungen anschließen. Die Themen beziehen sich auf russische Alltagssituationen und schließen die Perspektive des deutschen Lerners ein. Landeskundliche Informationen in deutscher Sprache runden jede Lektion thematisch ab.
Auf den Kassetten zum Lehrbuch finden sich alle Strukturdialoge und Haupttexte sowie einige Übungen. Es handelt sich um neue Originalaufnahmen, in Moskau mit einheimischen Profisprechern produziert! Die Inhalte und die grammatischen Schwerpunkte von Modernes Russisch **MOCT 1** orientieren sich am VHS-Zertifikat.

Erläuterungen der Symbole

- Strukturdialoge
- Text auf Kassette
- Gesprächsübung
- Lesetext (Haupttext)
- Schriftliche Übung

Verwendete Abkürzungen

Akk.	Akkusativ
Dat.	Dativ
f	feminin, weiblich
Gen.	Genitiv
indekl.	indeklinabel
Instr.	Instrumental
m	maskulin, männlich
n	neutral, sächlich
Nom.	Nominativ
Pers.	Person
Pl.	Plural, Mehrzahl
Präp.	Präpositiv
reflex.	reflexiv
Sing.	Singular, Einzahl
ungebr.	ungebräuchlich
uv.	unvollendeter Aspekt
v.	vollendeter Aspekt

Vorkurs

Aa
Бб
Вв

Vorkurs

Die russische Schrift

Die Grundlage der heutigen russischen Schrift ist die *Kyrillica*, die nach dem *Vorbild* des griechischen *Alphabets* von den *Mönchen Kyrillos und Methodios* geschaffen wurde.
Diese so genannten Slawenapostel übersetzten im 9. Jahrhundert im Zuge der *Christianisierung* Bulgariens Teile der Bibel ins Altbulgarische, das zur Grundlage des Altkirchenslawischen wurde.
Die Sprache der *Liturgie* (Ablauf eines Gottesdienstes) wurde auch als Amts- und Literatursprache verwendet, bis im 18. Jahrhundert das Russisch des bislang vorwiegend gesprochenen Moskauer Dialekts zur *Schriftsprache* wurde.
Als *Peter der Große* das Land reformierte und zum Westen hin öffnete, sind viele westeuropäische *Lehnwörter* in die russische Sprache gekommen.

кири́ллица образе́ц
а́збука мона́хи Кири́лл и Мефо́дий

христианиза́ция

литурги́я

литерату́рный язы́к

Пётр Вели́кий
заимствованные слова́

А а Б б В в Г г Д д **Е е** Ё ё Ж ж З з

Аа *Ее*

И и Й й **К к** Л л **М м** Н н **О о** П п Р р

Кк *Мм* *Оо*

С с **Т т** У у Ф ф Х х Ц ц Ч ч Ш ш

Тт

Щ щ ъ ы ь Э э Ю ю Я я

Übung 1

Hören Sie zu und lesen Sie mit!

такт, ма́ма, а́том, кака́о, акт, те́ма, мо́кко, тома́т,
О́тто, То́ма, Том, Ока́

А а Б б В в Г г Д д Е е Ё ё Ж ж З з

Аа Вв Ее

И и Й й К к Л л М м Н н О о П п Р р

Кк Мм Нн Оо Рр

С с Т т У у Ф ф Х х Ц ц Ч ч Ш ш

Сс Тт Уу Хх

Щ щ ъ ы ь Э э Ю ю Я я

Übung 2

Hören Sie zu und lesen Sie mit!

ка́сса, ва́нна, ка́рта, теа́тр, но́та, сорт, метро́, температу́ра, орке́стр, текст, курс, торт, нерв, автома́т, самова́р, рестора́н, хара́ктер, матро́с, океа́н, ха́ос
Анто́н, А́нна, Ве́ра, Марк, Окса́на, Тама́ра, Е́ва, Рена́та, Са́вва, Све́та, Ерева́н, Москва́, Ве́на, Омск, Томск, Нева́

А а Б б В в Г г Д д Е е Ё ё Ж ж З з

Аа Бб Вв Гг Дд Ее

И и Й й К к Л л М м Н н О о П п Р р

Ии Йй Кк Лл Мм Нн Оо Пп Рр

С с Т т У у Ф ф Х х Ц ц Ч ч Ш ш

Сс Тт Уу Хх

Щ щ ъ ы ь Э э Ю ю Я я

Übung 3

Hören Sie zu und lesen Sie mit!

таба́к, а́дрес, бана́н, гео́лог, да́ма, институ́т, лак, парк, апте́ка, суп, респу́блика, трибу́на, гигие́на, диало́г, лимона́д, парла́мент, ра́дио, стадио́н, хокке́й, телегра́мма, хи́мик, бассе́йн, до́ктор
идеали́ст, кли́ника, леге́нда, поли́тика, колле́га, литерату́ра, спортсме́н, туале́т
Бори́с, Гали́на, Дми́трий, Ива́н, Лео́нтий, Па́вел
Берли́н, Га́мбург, Санкт-Петербу́рг, Литва́

Übung 4

Hören Sie zu und lesen Sie mit!

журна́л, зоопа́рк, фото́граф, цирк, пассажи́р, экза́мен, фи́зика, сце́на, шокола́д, элеме́нт, жонглёр, зако́н, фа́брика, центр, шеф, эта́ж, катастро́фа, лифт, магази́н, мане́ж
профе́ссор, специали́ст, экономи́ст, телефо́н, маши́на, ро́за, поэ́т, шофёр, тайфу́н, ва́за, факт, телеви́зор
Жо́ра, Зинаи́да, Зи́на, Фёдор, Шу́ра, Э́лла, Э́мма, Жак, Заха́р, Эдуа́рд, Джордж, Жа́нна, Цейло́н

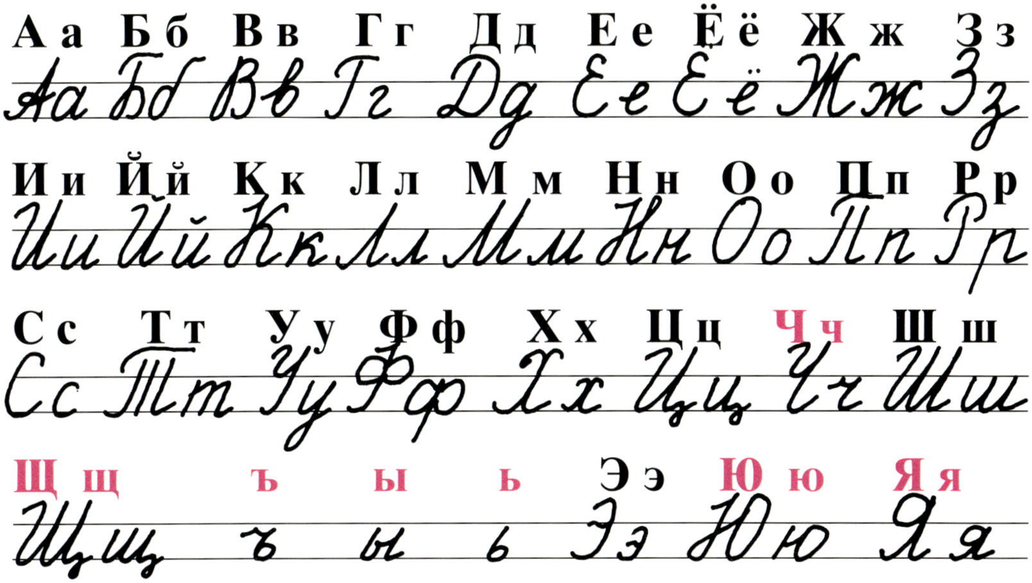

Übung 5

Hören Sie zu und lesen Sie mit!

чемпио́н, щи, ю́мор, я́хта, иде́я, фильм, культу́ра, объе́кт, интервью́, костю́м, му́зыка, юри́ст
янва́рь, меню́, субъе́кт, ме́бель, плюш, моте́ль, национа́льность, юбиле́й, царь, тюльпа́н, пульс
тео́рия, иллю́зия, карто́фель, эне́ргия, информа́ция, стиль, уто́пия, эпиде́мия, иро́ния, ли́ния
И́ндия, Япо́ния, А́нглия, Арха́нгельск, Татья́на, О́льга, Любо́вь, Ю́ра, Ю́лия

Ива́н, Андре́й, О́льга и Татья́на.

Bildung der Vatersnamen	
Ива́н – ович Ива́н – овна	Андре́ – евич Андре́ – евна

Пётр Ива́нович, Анто́н Андре́евич, Мари́я Ива́новна и Ната́лья Андре́евна

Übung 6

Lesen Sie und beachten Sie die Aussprache auf der Kassette!

Никола́й Серге́евич, Еле́на Серге́евна, Ви́ктор Никола́евич, Ири́на Никола́евна, Фёдор Петро́вич, Мари́на Петро́вна, Миха́йл Па́влович, Раи́са Па́вловна, Константи́н Алекса́ндрович, Лари́са Алекса́ндровна, Ю́рий Леони́дович, Наде́жда Леони́довна, Семён Влади́мирович, Ю́лия Влади́мировна, Вале́рий Анто́нович, Любо́вь Анто́новна

Übung 7

Bilden Sie von folgenden Vornamen die Vatersnamen nach dem Muster:

Макси́м: Макси́мович, Макси́мовна

Алексе́й, Фёдор, Никола́й, Ива́н, Алекса́ндр, Константи́н, Семён, Бори́с, Гера́сим, Дени́с, Леони́д, Вади́м, Степа́н, И́горь

Übung 8

Von welchen Vornamen sind folgende Vatersnamen gebildet?

Петро́вич, Ю́рьевна, Тимофе́евич, Заха́ровна, Миха́йлович, Харито́новна

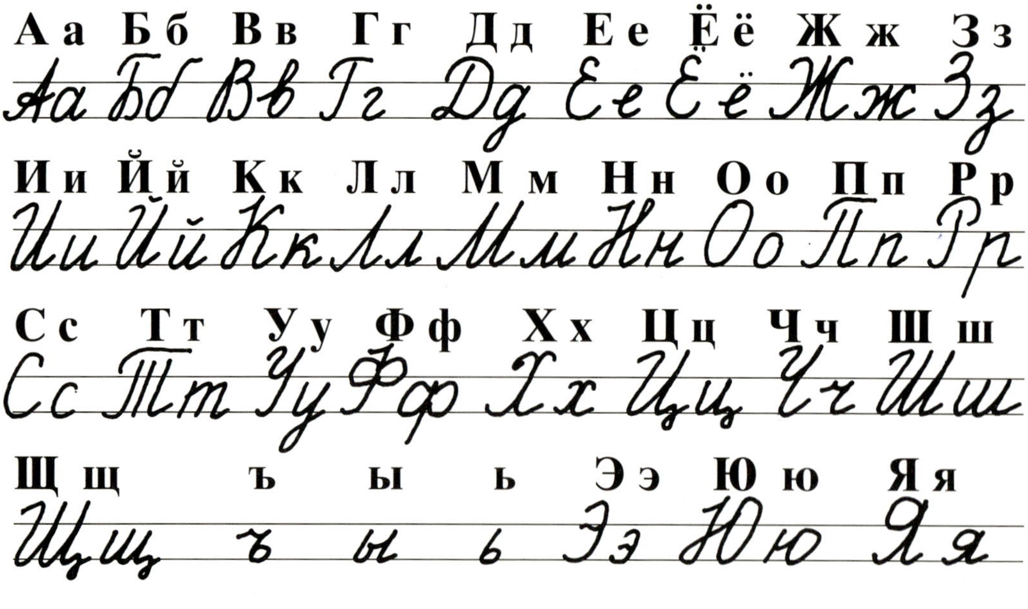

Уро́к 1

Познако́мьтесь, пожа́луйста!

Алекса́ндр Серге́евич Пу́шкин

Пётр Ильи́ч Чайко́вский

Анто́н Па́влович Че́хов

Фёдор Миха́йлович Достое́вский

Лев Никола́евич Толсто́й

Уро́к 1

Познако́мьтесь, пожа́луйста!

Кто э́то?

Э́то **Ви́ктор**.

Э́то **Ли́за**.

Что э́то?

Э́то **стол.**

Э́то **кни́га.**

Э́то **окно́.**

Кто э́то?
Э́то Анто́н.
Анто́н студе́нт.
Кто **он**?
Он студе́нт.

Кто э́то?
Э́то Ива́н Петро́вич и Ни́на Петро́вна.
Кто **они́**?
Он инжене́р. Она́ журнали́ст.

Кто э́то?
Э́то Э́мма.
Э́мма студе́нтка.
Кто **она́**?
Она́ студе́нтка.

Das Genus im Russischen		
Männlich	Weiblich	Sächlich
он стол студе́нт	она́ кни́га студе́нтка	оно́ окно́ письмо́

Э́то журна́л.
Где журна́л и газе́та?

Э́то газе́та.
Они́ здесь.

Э́то письмо́.
Где письмо́? Оно́ там.

Что э́то?

стол
стул
ру́чка
кни́га
ла́мпа
окно́
ва́за
ро́за
ка́рта
каранда́ш
доска́

Где (он, она́, оно́, они́)?

Кто э́то?

музыка́нт
гео́лог
капита́н
стюарде́сса
шофёр
студе́нтка
секрета́рь
преподава́тель
инжене́р

я **ты** **вы** **мы**

Уро́к 1

1

– Здра́вствуйте! Меня́ зову́т Михаи́л Ива́нович. Я преподава́тель.
– А меня́ зову́т Мари́на. Я стюарде́сса.
– О́чень прия́тно.

Übung 1

Antworten Sie und fragen Sie dann einen anderen Kursteilnehmer!
Verwenden Sie die gelernten Berufsbezeichnungen!

– Здра́вствуйте! Меня́ зову́т Кла́ус Шмидт. Я преподава́тель. А вы кто?

Was sie beim Vorstellen brauchen:		
(ты)	Здра́вствуй,	Пе́тя! Ли́за!
(вы)	Здра́вствуйте,	Ива́н Петро́вич! господи́н Шмидт!

Меня́ зову́т…	Ива́н Петро́вич Ни́на Серге́евна Пе́тя О́ля Кла́ус Шмидт И́нгрид Бра́ун

2

– Познако́мьтесь, э́то Анто́н Па́влович. Он ру́сский. А э́то господи́н Шмидт.
– О́чень прия́тно.

3

– Познако́мьтесь, пожа́луйста!
– Э́то Та́ня Ивано́ва, а э́то, Та́нечка, госпожа́ Шмидт. Она́ не́мка.

4

– Познако́мьтесь, э́то господи́н Ве́рнер.
– Вы не́мец?
– Да. А вы?
– Я ру́сская.

5

– Здра́вствуйте! Вы ру́сские?
– Да, мы ру́сские.
– Дава́йте познако́мимся.
– С удово́льствием.

Übung 2

Üben Sie in Zweiergruppen das Vorstellungsgespräch anhand des folgenden Beispiels!

– Дава́йте познако́мимся. Меня́ зову́т То́мас.
– А меня́ зову́т Ли́за.
– О́чень прия́тно.

Übung 3

Schreiben Sie Ihren Namen auf ein Kärtchen. Bilden Sie Gruppen zu drei Personen. Eine Person stellt dann die anderen beiden einander vor.

Beispiel:
господи́н Ве́рнер: – Познако́мьтесь, господи́н Шми́дт. Э́то госпожа́ Франк.
господи́н Шмидт: – О́чень прия́тно.

Bejahen und Verneinen			
+	**да**		Э́то Анто́н? **Да,** э́то Анто́н. Он студе́нт? **Да,** он студе́нт.
–	**нет**	**не**	Э́то Э́мма? **Нет**, э́то **не** Э́мма. Э́то Ни́на Серге́евна.

6

– Ты кто? Пе́тя?
– Нет, я Серёжа.

7

– Кто э́то?
– Э́то Бетхо́вен.
– Он ру́сский?
– Нет, он не́мец.

– Кто э́то?
– Э́то Чайко́вский.
– Он не́мец и́ли ру́сский?
– Он ру́сский.

Übung 4

Кто э́то? Он ру́сский и́ли не́мец? Она́ ру́сская и́ли не́мка?
Он музыка́нт? Она́ студе́нтка?

Stellen Sie eine der hier bezeichneten Personen vor und nennen deren Beruf!
Achten Sie auf die bildliche Darstellung!
Stellen Sie nun anderen Kursteilnehmern Fragen zu den Personen!

Übung 5

Wählen Sie einen der folgenden Berufe aus: Lehrer, Musiker, Chauffeur, Sekretärin, Kapitän, Journalist, Geologe, Stewardess, Ingenieur. Stellen Sie sich nun gegenseitig vor!

Beispiel: Э́то госпожа́ Мю́ллер. Она́ музыка́нт.

8

– Алло́, э́то Никола́й Петро́вич?
– Нет, э́то Пётр.
– Извини́те.
– Ничего́.

Personalpronomen	
я	мы
ты	вы
он, она́, оно́	они́

Übung 6

Fragen Sie Ihren Kursnachbarn!

Кто э́то?

Что э́то?

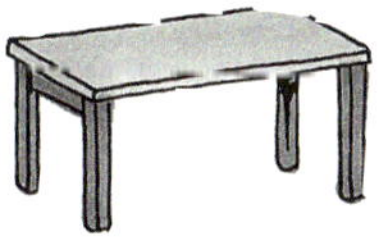

Übung 7

Notieren Sie auf einem Zettel in deutscher Sprache vier Gegenstände und zwei Berufe, deren Bezeichnungen Ihnen im Russischen bereits bekannt sind. Tauschen Sie die Zettel untereinander aus und übersetzen Sie die Begriffe. Nennen Sie auch die entsprechenden Personalpronomen: *он, она́, оно́.*

Übung 8

Machen Sie zu dritt folgende Sprechübung!

Beispiel: 1. – Э́то газе́та.	2. – Где она́?	3. – Она́ там.
– Э́то стол.	– Где он?	– Он здесь.
– Э́то окно́.	– Где оно́?	– Оно́ там.

1. Э́то стул. 2. Э́то студе́нтка. 3. Э́то музыка́нт. 4. Э́то письмо́. 5. Э́то преподава́тель. 6. Э́то журнали́стка. 7. Э́то гео́лог. 8. Э́то Ива́н Петро́вич. 9. Э́то Ни́на Петро́вна. 10. Э́то Ви́ктор и Ли́за. 11. Э́то ро́за. 12. Э́то стол и стул. 13. Э́то шофёр. 14. Э́то студе́нт. 15. Э́то газе́та и журна́л. 16. Э́то окно́.

Übung 9

Zeigen Sie auf Gegenstände oder Personen und fragen Sie einen anderen Kursteilnehmer! Beispiel:

Beispiel: – Э́то стол?	– Да, э́то стол.
– Э́то стул?	– Нет, э́то не стул. Э́то стол.

Russische Namen

Die russischen Namen bestehen aus drei Teilen: dem *Vornamen*, dem von dem Vornamen des Vaters abgeleiteten *Vatersnamen* und dem *Nachnamen*. (и́мя; о́тчество, фами́лия)
Diese drei Teile des Namens sind zusammen nur in offiziellen Nennungen, z. B. in Dokumenten, anzutreffen.
Mit dem Nachnamen wird eine Person nur in offiziellen Situationen angeredet, z. B. in einer Behörde.
Nach dem Kennenlernen verwendet man die höfliche, distanzierte *Anrede* in der Sie- Form mit dem Vornamen und dem Vatersnamen. (обраще́ние)
Freunde und Bekannte reden sich nur mit dem Vornamen an und können sich sowohl *duzen* als auch *siezen*. (друзья́ и знако́мые; быть на «ты»/ на «вы»)

Aus den Vornamen werden zahlreiche Diminutivformen (Verkleinerungsformen) gebildet. Dies ist eine sehr persönliche Art der Anrede.
Eine noch intimere, ja zärtliche Form der Anrede benutzen *Familienmitglieder* (besonders zu kleinen Kindern) oder sehr intime Freunde untereinander. Sie verwenden einen von diesen Diminutivformen abgeleiteten *Kosenamen* („verkleinerte Verkleinerungsform").
Alle diese Verkleinerungsformen werden nie mit dem Vatersnamen verbunden. Der Vatersname bedeutet eine gewisse Distanz, die eine Anrede mit einer Verkleinerungsform nicht erlaubt. Es heißt also immer nur Ивáн Петрóвич oder Вáня oder Вáнечка.

члéны семьи́

ласкáтельное и́мя

Vorname	Diminutivform	Kosename
Алексáндр	Сáша, Шýра	Сáшенька
Алексéй	Алёша, Лёша	Лёшенька
Бори́с	Бóря	Бóренька
Ви́ктор	Ви́тя	Ви́тенька
Влади́мир	Волóдя, Вóва	Вóвочка
Ивáн	Вáня	Вáнечка, Ваню́ша
Леони́д	Лёша, Лёня	Лёшенька, Лёнечка
Михаи́л	Ми́ша	Ми́шенька
Николáй	Кóля	Кóленька
Пётр	Пéтя	Пéтенька
Фёдор	Фéдя	Фéденька
Ю́рий	Ю́ра	Ю́рочка
Алексáндра	Сáша, Шýра	Сáшенька
Вéра	—	Вéрочка
Екатери́на	Кáтя	Катю́ша, Кáтенька
Елéна	Лéна, Алёна	Лéночка, Алёнушка
Зинаи́да	Зи́на	Зи́ночка
Ири́на	И́ра	И́рочка
Любóвь	Лю́ба	Лю́бочка
Людми́ла	Лю́да, Лю́ся, Ми́ла	Лю́дочка, Лю́сенька, Ми́лочка
Мари́на	—	Мари́ночка
Мари́я	Мáша, Марýся	Мáшенька
Надéжда	Нáдя	Нáденька, Надю́ша
Натáлия, Натáлья	Натáша	Натáшенька
О́льга	О́ля	О́ленька, О́лечка
Татья́на	Тáня	Таню́ша

Уро́к 2

Семья́

1

– Э́рика, что ты де́лаешь?
– Я пишу́ письмо́.

– Пе́тя! Ми́ша! Что вы де́лаете?
– Мы смо́трим телеви́зор.

– Ка́тя, что ты де́лаешь?
– Я рису́ю ро́зу.

– Госпожа́ Ве́рнер, что вы де́лаете?
– Я отдыха́ю.

e-Konjugation			
	читá**ть**		
я	читá**ю**	мы	читá**ем**
ты	читá**ешь**	вы	читá**ете**
он/онá	читá**ет**	они́	читá**ют**
писáть →	я пишу́, ты пи́шешь… они́ пи́шут		
	Betonung! **с → ш**		

i-Konjugation			
	говори́**ть**		
я	говор**ю́**	мы	говор**и́м**
ты	говор**и́шь**	вы	говор**и́те**
он/онá	говор**и́т**	они́	говор**я́т**
люби́ть →	я люблю́, ты лю́бишь… они́ лю́бят		
	Betonung! **б + л**		

2

– Что они́ де́лают?
– Они́ чита́ют кни́гу.

– Пе́тя лю́бит рисова́ть?
– Нет, он не лю́бит рисова́ть.

люби́ть + Infinitiv	etwas gerne tun, mögen

Он лю́бит смотре́ть телеви́зор. Er sieht gerne fern.

Nominativ und Akkusativ Singular			
Что э́то?		**Что рису́ет Ли́за?**	
Э́то	стол. мо́ре. ва́з**а.**	Она́ рису́ет	стол. мо́ре. ва́з**у.**

3

Госпожа́ Ве́рнер секрета́рь. Она́ пи́шет по-неме́цки.

– Как она́ пи́шет по-неме́цки?
– Хорошо́.

– А как она́ пи́шет по-ру́сски?
– Пло́хо.

4

– Здесь говоря́т по-ру́сски?
– Да, что вам уго́дно?

Übung 1

Beantworten Sie die Fragen bejahend oder verneinend!

– Господи́н Ве́рнер хорошо́ говори́т по-ру́сски?
– Да, хорошо́.
– Нет, пло́хо.

– Госпожа́ Ве́рнер хорошо́ чита́ет по-ру́сски?
– Ка́тя и Ли́за хорошо́ говоря́т по-неме́цки?
– Ви́ктор и Ли́за хорошо́ рису́ют?

Ли́за, Ка́тя, Ви́ктор и Пе́тя рису́ют

– Что вы де́лаете?
– Мы рису́ем.
– Ли́за, что ты рису́ешь?
– Мо́ре и не́бо.
– А ты, Ка́тя?
– Я рису́ю ро́зу.
– Ви́ктор, ты хорошо́ рису́ешь. Кто э́то?
– Э́то ты, э́то ма́ма, а э́то Ка́тя.
– А где О́ля?
– Она́ здесь.
– Пе́тя, ты то́же рису́ешь?
– Нет, я не рису́ю. Я не люблю́ рисова́ть. Я отдыха́ю.

Übung 2

Beantworten Sie die Fragen!

Что де́лает Ли́за?
Что де́лают Ка́тя и Ви́ктор?
А Пе́тя то́же рису́ет?
Что де́лает Пе́тя?
Пе́тя лю́бит рисова́ть?

Кто рису́ет, кто отдыха́ет?
Что рису́ет Ли́за?
Что рису́ет Ка́тя?
Вы то́же лю́бите рисова́ть?
Что вы лю́бите рисова́ть?

Übung 3

Fragen Sie Ihren Kursnachbarn!

a) – Что ты де́лаешь?
– Я рису́ю.

чита́ть | отдыха́ть | писа́ть | рисова́ть

b) – Вы смо́трите телеви́зор?
– Да, я смотрю́ телеви́зор.
– Нет, я чита́ю.

смотре́ть телеви́зор | говори́ть по-ру́сски – чита́ть по-ру́сски

c) – Ты лю́бишь рисова́ть?
– Да, я люблю́ рисова́ть.
– Нет, я не люблю́ рисова́ть.

люби́ть чита́ть | люби́ть смотре́ть телеви́зор | люби́ть говори́ть по-ру́сски

Кто что де́лает?

Э́то ко́мната. Там муж и жена́ Ве́рнеры. Госпожа́ Ве́рнер секрета́рь, а господи́н Ве́рнер преподава́тель. Они́ не́мцы, господи́н Ве́рнер хорошо́ говори́т по-ру́сски. По-ру́сски он пи́шет и чита́ет. Сейча́с он чита́ет газе́ту, а госпожа́ Ве́рнер смо́трит телеви́зор. Э́рика и То́мас рису́ют. Они́ брат и сестра́. Ба́бушка и де́душка то́же здесь. Де́душка пи́шет письмо́, а ба́бушка отдыха́ет.

Übung 4

Beantworten Sie die Fragen!

Кто э́то?
Кто госпожа́ Ве́рнер?
Кто господи́н Ве́рнер?
Они́ говоря́т по-неме́цки и́ли по-ру́сски?
Кто пи́шет и чита́ет по-ру́сски?
Как господи́н Ве́рнер говори́т по-ру́сски?
Что Ве́рнеры де́лают сейча́с?
Что де́лают Э́рика и То́мас?
Кто смо́трит телеви́зор?
Де́душка и ба́бушка то́же смо́трят телеви́зор?
А что они́ де́лают?

Семья́

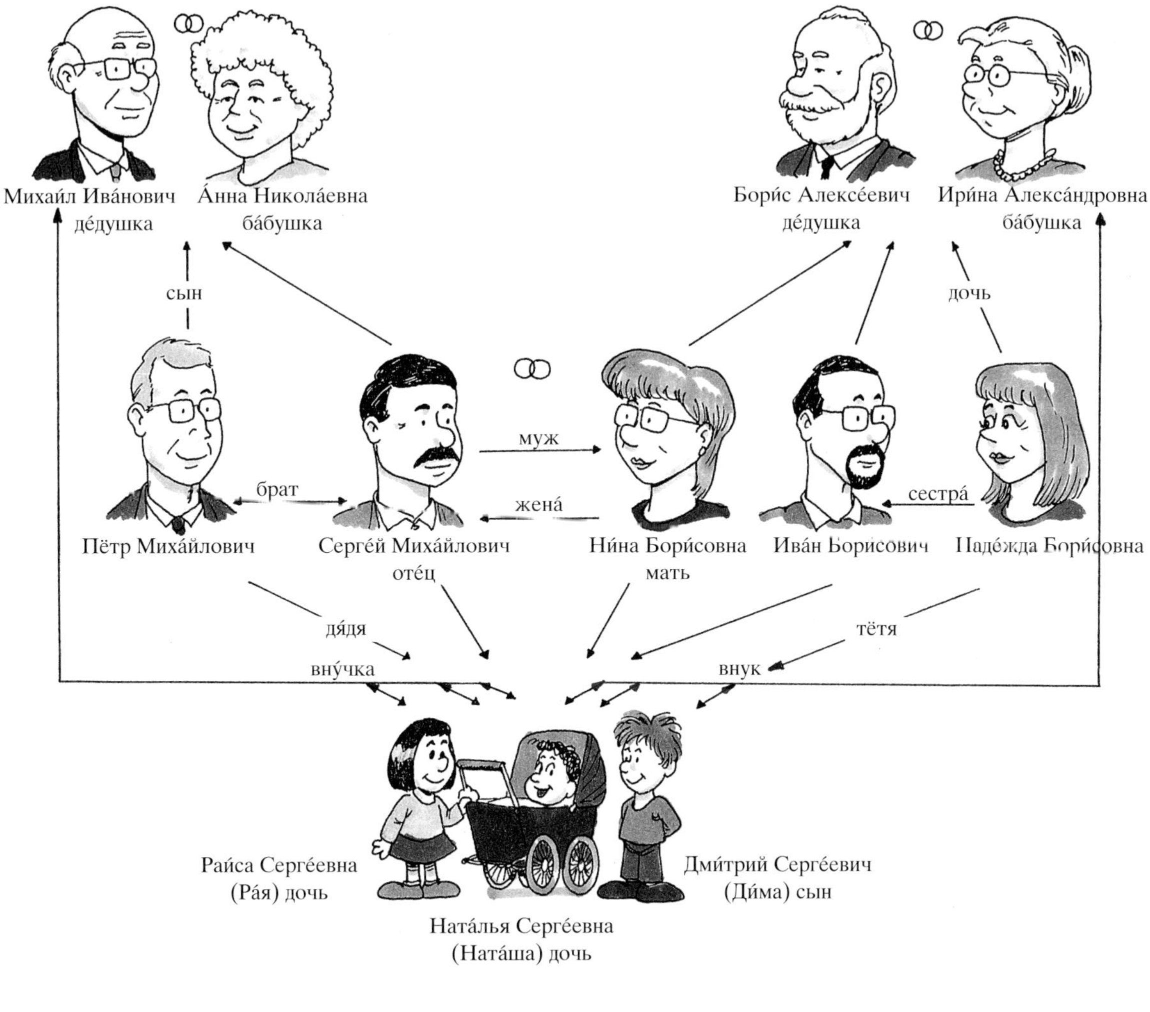

Übung 5

Überlegen Sie gemeinsam!

Welchen Vatersnamen haben die Kinder von Пётр Миха́йлович?
Welchen Vatersnamen werden Töchter und Söhne von Дми́трий Серге́евич haben?

Übung 6

Fragen Sie, was die in der linken Reihe genannten Personen tun! Antworten Sie, indem Sie den Personen die Tätigkeiten aus der rechten Reihe zuordnen!

Beispiel:
Ива́н Петро́вич – чита́ть — – Что де́лает Ива́н Петро́вич?
– Ива́н Петро́вич чита́ет.

Михаи́л Ива́нович
А́нна Влади́мировна
Ната́лья
Ди́ма
де́душка
ба́бушка
внук и вну́чка
дя́дя
тётя
брат и сестра́
я
мы
они́
преподава́тель
секрета́рь

отдыха́ть
рисова́ть
чита́ть
говори́ть по-неме́цки/по-ру́сски
писа́ть по-неме́цки/по-ру́сски
смотре́ть телеви́зор
писа́ть письмо́

Übung 7

Erzählen Sie weiter! Verwenden Sie unten stehende Vokabeln!

Э́то семья́. Ива́н Петро́вич ...

ба́бушка, де́душка, мать, оте́ц, дочь, сын
чита́ть, писа́ть, смотре́ть, рисова́ть
журна́л, кни́га, письмо́, телеви́зор, мо́ре, ро́за

Übung 8

Lesen Sie sich die Musterfragen und -antworten zu der Abbildung aufmerksam durch und machen Sie dann in Ihrer Gruppe ein ähnliches Frage- und Antwortspiel!

– Что э́то?
– Э́то университе́т.

– Кто э́то?
– Э́то преподава́тель, студе́нт и студе́нтка.

– Что они́ де́лают?
– Они́ говоря́т по-неме́цки и по-ру́сски.

– Как они́ говоря́т по-ру́сски?
– Преподава́тель и студе́нтка хорошо́ говоря́т по-ру́сски.

– А студе́нт то́же хорошо́ говори́т по-ру́сски?
– Нет, он пло́хо говори́т по-ру́сски. Хорошо́ он говори́т по-неме́цки.

– Студе́нтка лю́бит говори́ть по-ру́сски?
– Да.

– А преподава́тель?
– То́же.

» Пи́шет как ку́рица ла́пой «

Russisches Familienleben

Anders als bei deutschen Familien heutzutage bleiben junge *Erwachsene* in Russland meist länger bei der Familie wohnen. Die *Wohnverhältnisse* lassen es oft nicht zu, eine eigene kleine Wohnung zu finden. Häufig wohnen sogar mehrere Familien gemeinsam in einer Wohnung.

взро́слые
жили́щные усло́вия

Oft kommt es vor, dass junge *Ehepaare* jahrelang mit ihren *Eltern* in einer Wohnung zusammenleben, auch wenn sie selbst schon *Kinder* haben!

супру́ги
роди́тели
де́ти

Neben einem gewiss sehr schönen Zusammengehörigkeitsgefühl bringt diese Situation natürlich auch viele Probleme mit sich.

Aber die Menschen heiraten weiterhin, in letzter Zeit häufiger als früher auch wieder in der *Kirche*. Es kommt aber vor, dass man auf eine kirchliche Heirat verzichtet, weil sich nach den vielen Zerstörungen und Zweckentfremdungen keine Kirche mehr in der Nähe des Wohnortes befindet, die zu religiösen Handlungen wie Gottesdiensten genutzt wird.

це́рковь

Was die *Feierlichkeiten* betrifft, so findet man vor allem *auf dem Land* noch viele traditionelle Elemente. Auch in Russland gibt es die *Verlobung*, die jedoch keinerlei rechtliche Verpflichtung nach sich zieht.

торжества́
в дере́вне
помо́лвка

Einen Polterabend in der Art wie in Deutschland gibt es nicht. Den Abschied vom *Junggesellendasein* feiern *Braut* und *Bräutigam* getrennt: Die Braut verbringt mit ihren Freundinnen einen letzten *„Mädchenabend"*, der Bräutigam sitzt mit seinen Freunden zu einem letzten *Junggesellenschmaus* zusammen – jeweils bei sich zu Hause. Dies sind eher ruhige und besinnliche Abschiede von der *Jugendzeit*.

холостя́цкая жизнь
неве́ста, жени́х
деви́чник
мальчи́шник
мо́лодость/го́ды ю́ности

Die *Hochzeit* selbst wird dann im Allgemeinen etwas lauter gefeiert. Eine solche Feier dauert fast immer zwei Tage, vom Mittag des ersten bis zum Nachmittag des zweiten Tages – mit den gleichen *Gästen* wohlgemerkt!

сва́дьба
го́сти

Уро́к 3

Дом – кварти́ра

Урóк 3

1

– Извини́те, вы не зна́ете, чей э́то дом?
– Э́то мой дом.

2

– Познако́мьтесь, э́то Ири́на Петро́вна, моя́ мать, а э́то Па́вел Ива́нович, мой оте́ц.

3

– Э́то твой стол?
– Да, мой.
– А там живёт твоя́ сестра́?
– Да, э́то её ко́мната.

4

– Э́то ва́ша кварти́ра, а э́то на́ша кварти́ра.

Possessivpronomen		
Чей э́то дом?	**Чья** э́то кварти́ра?	**Чьё** э́то кре́сло?
Э́то **мой** дом.	Э́то **моя́** кварти́ра.	Э́то **моё** кре́сло.
твой его́, её наш ваш их	твоя́ его́, её на́ша ва́ша их	твоё его́, её на́ше ва́ше их

Übung 1

Stellen Sie sich untereinander Fragen in der Art der angeführten Beispiele! Verwenden Sie die Begriffe aus der nebenstehenden Liste!

Beispiele:

a) кварти́ра – Чья э́то кварти́ра?
– Э́то моя́ кварти́ра.

b) кварти́ра – Э́то твоя́ кварти́ра?
– Нет, э́то не моя́ кварти́ра.
Э́то его́ (её) кварти́ра.

письмо́	ва́за
кре́сло	преподава́тель
стол	телеви́зор
дом	муж
оте́ц	жена́
сестра́	ба́бушка
ла́мпа	де́душка
журна́л	внук
газе́та	вну́чка
брат	тётя
кни́га	дя́дя

5

– До́брый день, Михаи́л Ива́нович.
– До́брый день, Ири́на Петро́вна.
– Как пожива́ете ?
– Спаси́бо, хорошо́.
– А где ва́ша жена́ ?
– Она́ сейча́с в Га́мбурге.

в до́ме

до́ма

что?	где?
университе́т	в университе́те
Петербу́рг	в Петербу́рге
дом	в до́ме/ до́ма
кварти́ра	в кварти́ре
Москва́	в Москве́
ку́хня	в ку́хне/ на ку́хне
письмо́	в письме́
кре́сло	в кре́сле

6

– Кто э́то?
– Э́то ма́ма.
– Где ма́ма?
– Она́ в ко́мнате.

– Кто э́то?
– Э́то наш сосе́д.
– Где он?
– Он на рабо́те.

Кто где?
в университе́те
в до́ме
в кварти́ре
в ко́мнате
в па́рке
в ку́хне/ на ку́хне

– Э́то Антóн?
– Да, э́то мой брат Антóн.
– Где он живёт?
– Он живёт в Москвé.

– Что э́то?
– Э́то журнáл.
– Где журнáл?
– Он на столé.

– Что э́то?
– Э́то альбóм.
– Где альбóм?
– Альбóм на пóлке.

Что где?

в вáзе
в кни́ге
в письмé
на столé
на пóлке
на полу́

7

– Вы не знáете, где дом нóмер 1?
– Знáю. Вот он.
– Ивангóв здесь живёт?
– Да, здесь.

8

– Аллó, э́то Ни́на Петрóвна?
– Нет, э́то Ли́за, её дочь.
– А где Ни́на Петрóвна?
– Онá на рабóте.

– Здрáвствуй, Ни́на! Э́то Антóн.
– Антóн? Ты где?
– Я сейчáс в Москвé. Что ты дéлаешь, Ни́на?
– Я читáю письмó.
– Чьё письмó?
– Твоё.

9

– Э́то вáша семья́?
– Да, моя́. Вот женá. А э́то сын Ви́ктор и дочь Ли́за.
– А э́то?
– Э́то мой брат. Он геóлог и живёт в Москвé.

Übung 2

Fragen und antworten Sie!

Beispiel:
– Вы не зна́ете, где мой де́душка? (дом)
– Твой де́душка до́ма.

1. Вы не зна́ете, где моя́ ба́бушка? (ко́мната)
2. Вы не зна́ете, где мой журна́л? (стол)
3. Вы не зна́ете, где его́ брат? (университе́т)
4. Ты не зна́ешь, где ка́рта? (пол)
5. Ты не зна́ешь, где твой па́па? (рабо́та)
6. Вы не зна́ете, где живёт О́льга? (дом № 1)
7. Ты не зна́ешь, где наш сосе́д? (дом)
8. Ты не зна́ешь, где мой альбо́м? (по́лка)
9. Ты не зна́ешь, где сейча́с па́па? (ку́хня)
10. Вы не зна́ете, где живу́т Ви́ктор и Ли́за? (Петербу́рг)

жить			
я	живу́	мы	живём
ты	живёшь	вы	живёте
он/она́	живёт	они́	живу́т

Übung 3

Fragen Sie andere Kursteilnehmer,
wo sie und ihre Verwandten wohnen!

Übung 4

Führen Sie kurze Dialoge!

Fragen Sie einen der Kursteilnehmer,
...wo er wohnt!
...wo er arbeitet!
...wo jetzt sein Bruder ist!
...was er jetzt macht!
...ob er weiß, wo das Haus Nr.1 ist!

Nehmen Sie ein Buch in die Hand und fragen Sie einen der Teilnehmer, wessen Buch das ist!

Stellen Sie Ihre Tochter und Ihren Sohn Ihrem neuen Bekannten vor!

Уро́к 3

Кузнецо́вы до́ма

Кузнецо́вы живу́т в Петербу́рге на у́лице Пу́шкина, в до́ме 1, кварти́ре 2. Оте́ц, Ива́н Петро́вич, и мать, Ни́на Алекса́ндровна, сейча́с на ку́хне. Они́ там разгова́ривают. А где же их сын Ви́ктор и дочь Ли́за? Что они́ де́лают? Они́ в ко́мнате. Ви́ктор сиди́т в кре́сле и смо́трит альбо́м. Ли́за отдыха́ет. Их соба́ка лежи́т на полу́. Брат и сестра́ разгова́ривают.

– Ви́ктор, ты не зна́ешь, где моя́ кни́га?
– Твоя́ кни́га лежи́т на столе́ или́ на по́лке. Смотри́, Ли́за! Вот наш сосе́д Михаи́л Ива́нович. Он здесь на рабо́те. Он преподава́тель и рабо́тает в университе́те. А э́то де́душка и ба́бушка отдыха́ют на мо́ре. А вот они́ гуля́ют в па́рке.

Übung 5

Lesen Sie den Text.
Finden Sie zu diesem Text möglichst viele Antworten auf die Fragen
Кто? Что? Где?!

Übung 6

Beantworten Sie in Zweiergruppen die Fragen, indem Sie die passenden Antworten in der rechten Spalte suchen!

Где рабо́тает Ива́н Петро́вич?	В Га́мбурге.
Где рабо́тает твой оте́ц?	В кре́сле.
Где живёт твой преподава́тель?	Она́ на ку́хне.
Где сейча́с Ни́на Петро́вна?	На мо́ре.
Где отдыха́ют де́душка и ба́бушка?	Нет, я живу́ в Ганно́вере.
Где лежи́т кни́га?	В Петербу́рге.
Где лю́бит сиде́ть Ви́ктор?	В университе́те.
Вы то́же живёте в Га́мбурге?	Она́ лежи́т на по́лке.

Übung 7

Geben Sie passende Antworten!

Извини́те, вы не зна́ете, где дом № 1?
Извини́те, вы не зна́ете, где кварти́ра № 2?
Извини́те, вы не зна́ете, кто здесь живёт?
Извини́те, вы не зна́ете, чья э́то кни́га?
Извини́те, где отдыха́ют ваш де́душка и ва́ша ба́бушка?

Übung 8

Beschreiben Sie die Abbildungen, indem Sie die Fragen beantworten!

Кто э́то?
Что он де́лает?
Что он чита́ет?
Он хорошо́ чита́ет по-ру́сски?
Он лю́бит чита́ть?
Где он рабо́тает?

Э́то его́ жена́?
А где она́ рабо́тает?
Что госпожа́ Ве́рнер пи́шет?
Где живу́т господи́н Ве́рнер и госпожа́ Ве́рнер?
Сейча́с они́ отдыха́ют?

Кварти́ра

гости́ная, спа́льня, ку́хня, ва́нная и туале́т, коридо́р, балко́н

Übung 9

Machen Sie eine Zeichnung Ihrer Wohnung und tragen Sie die Bezeichnungen der einzelnen Räume ein. Erzählen Sie über Ihre Wohnung. Verwenden Sie dabei die aufgeführten Vokabeln!

жить | мой дом | моя́ кварти́ра

моя́ семья́ | здесь | там

» *Вот где соба́ка зары́та* «

Wohnen in Russland

In der russischen *Stadt* ist das *mehrstöckige Wohnhaus* mit vielen verschiedenen *Eingängen* (oft bis zu zehn) am stärksten verbreitet.

Will man jemanden besuchen oder einen Brief schreiben, reicht es deshalb nicht, nur die *Hausnummer* zu kennen! Man muss unbedingt die *Wohnungsnummer* wissen, bzw. auf die *Adresse* schreiben. Das ist umso wichtiger, als auf russischen *Briefkästen* in der Regel keine *Familiennamen* zu finden sind, sondern nur die Wohnungsnummer.

Auf dem Land findet man auch heute noch das für Russland typische ganz *aus Holz gebaute Bauernhaus* des 17./ 18. Jahrhunderts. Die Etymologie (Herkunft) des russischen Wortes „isba“= „Hütte“ geht zurück auf eine Bezeichnung für einen „beheizten Raum“. Tatsächlich bestanden diese Hütten früher nur aus einem großen *Zimmer*, dessen Mittelpunkt der bekannte russische *Ofen* bildete. Dann gab es noch die so genannte *rote Ecke*, in der die *Ikonen* aufgehängt waren und in der ein schöner Tisch mit gestickten Decken stand. Erst später bekamen diese Häuser eine Trennwand.

Charakteristische Merkmale der Außenansicht sind die mit *Schnitzereien* verzierten *Fensterläden* sowie der hölzerne *Vorbau*, der auch reich mit Schnitzwerk versehen war.

Man versucht natürlich, diese schönen Häuser zu *restaurieren*. Neben den Holzbauten werden heute auch auf dem Land *Häuser aus Ziegeln* gebaut.

Um die Häuser herum findet man als Einfriedung einen hohen, meist undurchsichtigen *Zaun* mit einem großen *Tor*.

го́род, многоэта́жный
жило́й дом, подъе́зды

но́мер до́ма
но́мер кварти́ры
а́дрес
почто́вые я́щики
фами́лии

в дере́вне
деревя́нная изба́

ко́мната
печь, кра́сный у́гол
ико́ны

резна́я рабо́та, ста́вни
крыльцо́

реставри́ровать
кирпи́чные дома́

забо́р
воро́та

Уро́к 4

Мы за́втракаем, обе́даем, у́жинаем

1 Утром

У́тром Бори́с Никола́евич и его́ дочь Ка́тя вме́сте за́втракают. Оте́ц ест бы́стро. По́сле за́втрака он идёт на рабо́ту.

– Ка́тя, почему́ ты не ешь?
– Я уже́ сыта́. Спаси́бо.

есть			
я	ем	мы	еди́м
ты	ешь	вы	еди́те
он/она́	ест	они́	едя́т

откýда?
из Москв**ы́**
из Я́лт**ы**
из Га́мбург**а**
из Берли́н**а**

2 Днём

Днём Ни́на Петро́вна и её де́ти ча́сто обе́дают до́ма.

До обе́да

До обе́да Ни́на Петро́вна идёт на ры́нок. На ры́нке она́ покупа́ет фру́кты и о́вощи.

– До́брое у́тро, Ни́на Петро́вна. Куда́ вы спеши́те?
– На ры́нок. Мы сего́дня ждём го́стя из Га́мбурга.
– Отку́да?
– Из Га́мбурга.

Урóк 4

Übung 1

Führen Sie weitere Dialoge!

– Я сегóдня ожидáю гóстя из Москвы́.
– Я тóже сегóдня вéчером ожидáю гóстя. Мой гость из Мю́нхена.

Екатеринбу́рг – Дрéзден, Вóлогда – Э́рфурт, Нóвгород – А́хен, Уфá – Пари́ж, Ту́ла – Брéмен, Оренбу́рг – Прáга, Воркутá – Лóндон, Волгогрáд – Лю́бек

3

Ни́на Петрóвна готóвит обéд.

– Мáма, когдá сегóдня обéд?
– Скóро. Ты хóчешь есть?
– О́чень хочу́. Э́то что? Борщ?
– Да, э́то борщ.

хотéть + Infinitiv	Ты хóчешь есть.

хотéть			
я	хочу́	мы	хоти́м
ты	хóчешь	вы	хоти́те
он/онá	хóчет	они́	хотя́т

4

Пóсле обéда

Э́то Андрéй. Он студéнт.
У́тром Андрéй идёт в университéт, пóсле обéда Андрéй обы́чно идёт в библиотéку. Сегóдня он спеши́т домóй.

– Привéт, Олéг.
– Привéт.
– Кудá ты идёшь?
– В буфéт. Я там всегдá пью чай и́ли кóфе. А ты кудá? В кафé?
– Нет, я спешу́ домóй. Сегóдня мы у́жинаем дóма. Роди́тели ждут гóстя из Гáмбурга.
– Отку́да?
– Из Гермáнии, из Гáмбурга.

– Где Андрéй?
– Дóма.

– Кудá спеши́т Андрéй?
– Домóй.

5

– Приве́т, ма́ма. Вот и я.
Ваш гость уже здесь?
– Нет.
– А что ты де́лашь?
– Блины́.
– О…, э́то тру́дно.
– Нет, не тру́дно. Вот молоко́, я́йца, мука́, са́хар. Я де́лаю те́сто, а зате́м – блины́.

Übung 2

Viktor hat sich das Rezept für Bliny aufgeschrieben. Welche Zutaten hat er vergessen?

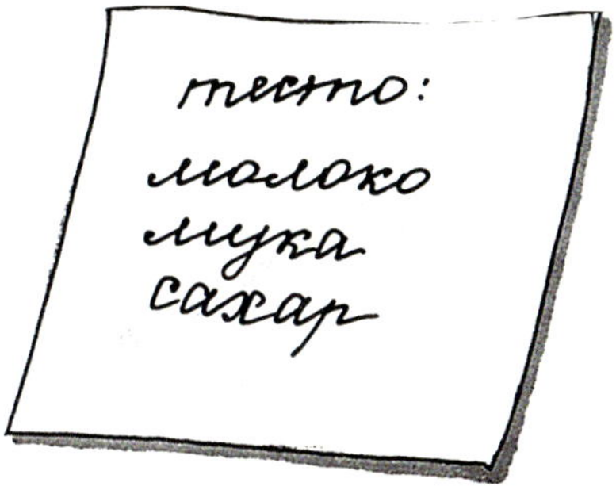

6

Ве́чером Гончаро́вы до́ма. Они́ ждут го́стя из Герма́нии и накрыва́ют на стол.
– Ни́на, у́жин гото́в?
– Да.
– Хорошо́. Так, таре́лки и бока́лы на столе́. Ви́лки, ножи́, ло́жки – то́же. А где хлеб?
– На ку́хне.
– А салфе́тки?
– Салфе́тки то́же на ку́хне.

когда́?	у́тром	днём (до, по́сле обе́да)	ве́чером

стол – столы́ гость – го́сти нож – ножи́	ро́за – ро́зы ви́лка– ви́лки ку́хня – ку́хни	окно́ – о́кна письмо́ – пи́сьма мо́ре – моря́	ве́чер – вечера́ брат – бра́тья дочь – до́чери

Übung 3

Beantworten Sie die folgenden Fragen!
Benutzen Sie dabei die Adverbien у́тром, днём, ве́чером

Когда́ мы за́втракаем?
Когда́ мы обе́даем?
Когда́ мы у́жинаем?
Когда́ вы отдыха́ете?
Когда́ вы смо́трите телеви́зор?
Когда́ вы рабо́таете?

Übung 4

a) Fragen Sie Ihren Kursnachbarn,

... wo er frühstückt.
... wo er zu Mittag isst.
... wo er zu Abend isst.
... wo seine Schwester (sein Bruder) zu Mittag isst.
... wo seine Familie zu Abend isst.

b) Erzählen Sie Ihrem Kursnachbarn,

... ob Sie das Frühstück / Mittagessen / Abendessen oft zubereiten.
... ob Sie Obst und Gemüse auf dem Markt kaufen.

Übung 5

Lesen Sie den Dialog! Führen Sie zu zweit ähnliche Dialoge wie im Beispiel! Verwenden Sie dabei die angegebenen Vokabeln.

– Что ты обы́чно де́лаешь до обе́да?
– Я иду́ на ры́нок. А ты?

у́тром | днём | по́сле обе́да | ве́чером

идти́ в библиоте́ку | идти́ в кафе́ | е́хать на рабо́ту | гуля́ть

гото́вить обе́д | отдыха́ть | смотре́ть телеви́зор

Übung 6

Nennen Sie ein Substantiv. Ihr Nachbar bildet die Pluralform dazu und nennt danach ein neues Wort. Wählen Sie Substantive, die Sie in dieser Lektion neu gelernt haben, und solche, die Sie bereits kennen. Denken Sie dabei an folgende Themen: Geschirr, Möbel, Wohnung, Familienmitglieder.

Übung 7

Welche Lebensmittel sehen Sie im Korb und auf dem Tisch?

Auf dem Tisch steht alles, was Katja zum Frühstück eingekauft hat. Wie heißen diese Lebensmittel?

Übung 8

Sie erwarten morgen einen Gast und wollen daher Lebensmittel einkaufen.
Überlegen Sie, was und wo Sie einkaufen werden.
Schreiben Sie Einkaufszettel, und tauschen Sie sie untereinander aus.
Lesen Sie den Zettel, den Sie bekommen haben, vor.

Гончаро́вы накрыва́ют на стол

Сего́дня Гончаро́вы у́жинают до́ма. Они́ ждýт го́стя из Герма́нии, из Га́мбурга. На столе́ – таре́лки, прибо́ры, бока́лы, салфе́тки.
– Ма́ма, заче́м на столе́ лежа́т ло́жки? Мы же сего́дня еди́м блины́!
– А ещё есть борщ. Э́то о́чень вку́сно и наш гость э́то зна́ет...Бори́с, а где напи́тки?
– Вино́ на столе́, а пи́во и лимона́д в холоди́льнике.
– А чай?
– Чай на ку́хне.
Ве́чером по́сле еды́ Гончаро́вы всегда́ пьют чай. Пить чай из самова́ра осо́бенно вку́сно. Самова́р они́ отно́сят на ку́хню. Э́то – сюрпри́з.

Übung 9

Stellen Sie Fragen zu den Dialogen der Lektion 4.
Bilden Sie Fragesätze mit den Fragewörtern Кто? Что? Где? Куда́? Отку́да? Как?

» *Что есть в печи́, всё на стол мечи́* «

Rezept für Borschtsch

400 g Rinderbrust
400 g dicke Schweinerippe
5 Karotten
2 mittelgroße rote Beten
1 Stange Lauch
1/4 Sellerie
6 mittelgroße Kartoffeln
2 Zwiebeln
1 Bund Dill
1/2 Bund Petersilie
3 große Fleischtomaten
500 g Weißkraut
1 grüne Paprika
2 Lorbeerblätter
100 g geräucherter Bauchspeck
70 g Butter
1/4 l saure Sahne
schwarzer Pfeffer, Salz,
3 TL Zucker

Aus Rind- und Schweinefleisch, Lauch, Sellerie, Lorbeerblättern, Salz und Pfeffer in 2,5 l Wasser eine kräftige Bouillon zubereiten und abseihen. Das Fleisch von den Knochen trennen und in mundgerechte Stücke schneiden. Kartoffeln schälen, zerschneiden und in der Bouillon 5 Minuten kochen. Dann die roten Beten und die Karotten schälen, in Streifen schneiden und hinzufügen. Das Ganze weitere 5 Minuten kochen lassen. Danach gehobeltes Weißkraut und die in Streifen geschnittene Paprika hinzufügen und ca. 7 Minuten langsam kochen lassen. Inzwischen in einer Pfanne die Butter erwärmen und darin die fein gehackten Zwiebeln goldbraun anbraten. Den in kleine Würfel geschnittenen Bauchspeck hinzufügen und nur kurz anbraten. Danach auch die enthäuteten und zerkleinerten Tomaten sowie 3 TL Zucker in die Pfanne geben und mit einem Deckel abdecken. Die Tomaten sollten bei leichter Hitze 5 Minuten lang schmoren. Jetzt den Inhalt der Pfanne und das gekochte Fleisch in den Topf mit der Suppe geben und die Mischung noch ein paar Minuten lang kochen. Zum Schluss bestreuen Sie die Suppe mit gehacktem Dill und Petersilie und mischen alles gut durch. Das fertige Gericht sollte ca. 2 Stunden ziehen.

Уро́к 5

Гостеприи́мство по-ру́сски

Уро́к 5

1

– Ни́на, чьи э́то кни́ги?
– Ка́ти.
– А альбо́м чей?
– То́же её. Э́то пода́рок.
  Она́ за́втра идёт в го́сти.
– Интере́сно. Сего́дня мы ждём го́стя,
  а за́втра Ка́тя идёт в го́сти.

Чей э́то стол?	А́нн**ы**.
Чья э́то кни́га?	Ка́т**и**.
Чьё э́то письмо́?	Бори́с**а**.
Чьи э́то кни́ги?	Ко́л**и**.

2

– Извини́те, вы не зна́ете, как пройти́ на у́лицу Пу́шкина?
– Э́то в це́нтре го́рода.
– Э́то далеко́?
– Нет, недалеко́.
  Я то́же иду́ на у́лицу Пу́шкина.
– А э́то что за у́лица?
– Э́то у́лица Че́хова.

Übung 1

Bilden Sie weitere Dialoge!

a) – Чьё э́то пи́во?
   – Бори́са.

b) – Что э́то за кни́га?
   – Э́то рома́н Булга́кова.

лимона́д – Пётр | таре́лка – Ка́тя | гость – оте́ц
альбо́м – гость | ло́жка – Ви́ктор | нож - ма́ма
рома́н – Набо́ков | пода́рок – сестра́ | сестра́ – Бори́с

у́лица – Гага́рин | рома́н – Солжени́цын

3

А вот и гость – господи́н Ве́рнер!
Бори́с Никола́евич приве́тствует го́стя.

– До́брый ве́чер, господи́н Ве́рнер!
Добро́ пожа́ловать!
Э́то – моя́ жена́, Ни́на Петро́вна.
А э́то на́ши де́ти – Ка́тя и Андре́й.

Кого́ приве́тствует Бори́с Никола́евич?	**Го́стя.**

4

– Я зна́ю, что вы хорошо́ говори́те по-ру́сски. Э́то так?
– Я хорошо́ понима́ю, но пло́хо говорю́.
– Почему́?
– Потому́ что обы́чно я говорю́ по-неме́цки. А вы говори́те по-неме́цки?
– Немно́го понима́ю, но не говорю́.

– Андре́й, господи́н Ве́рнер хо́чет знать, что зна́чит сло́во „гостеприи́мство“?
– Э́то зна́чит „Gastfreundschaft“.

Гостеприи́мство по-ру́сски

Гончаро́вы и их гость из Га́мбурга иду́т в гости́ную. На столе́ стоя́т сала́ты, колбаса́, сыр, ма́сло, хлеб, напи́тки. Ни́на Петро́вна говори́т: „Прия́тного аппети́та!“ Гончаро́вы и их гость из Герма́нии начина́ют у́жинать. Всё о́чень вку́сно. Господи́н Ве́рнер уже́ сыт, но э́то то́лько заку́ски. Заку́ски – э́то нача́ло у́жина. Ни́на Петро́вна прино́сит борщ: „Вы зна́ете, господи́н Ве́рнер, что обы́чно мы еди́м борщ днём, на обе́д?“ „А почему́ сего́дня вы еди́те борщ ве́чером, на у́жин?“ „Потому́ что сего́дня здесь вы, наш гость из Герма́нии.“

Господи́н Ве́рнер ест борщ. Э́то то́же о́чень вку́сно. Зате́м Бори́с Никола́евич идёт на ку́хню. Он прино́сит блины́: „По́сле су́па мы еди́м блины́. Э́то обе́д по-ру́сски“. Но сейча́с ве́чер и господи́н Ве́рнер уже́ сыт. Сего́дня он понима́ет, что зна́чит гостеприи́мство по-ру́сски. Хозя́ева до́лго и мно́го гото́вят, а гость мно́го и до́лго ест. Все едя́т блины. Э́то то́же о́чень вку́сно.
Зате́м Андре́й и Ка́тя иду́т на ку́хню: „А тепе́рь наш сюрпри́з, господи́н Ве́рнер!“ Они́ прино́сят самова́р и ча́шки. Все пьют чай.

Übung 2

Erzählen Sie!

Was steht auf dem Tisch?
Welche Vorspeisen isst Herr Werner?
Was holt Nina Petrowna?
Was essen alle nach der Suppe?
Warum gehen Andrej und Katja in die Küche?
Wer weiß, was Gastfreundschaft auf Russisch bedeutet?

Übung 3

Sagen Sie auf Russisch:

Herzlich willkommen!
Das ist lecker!
Guten Appetit!
Das Mittagessen ist fertig!

Übung 4

Sie übernehmen die Rolle des russischen Gastgebers und Dolmetschers. Die übrigen Kursteilnehmer sind Gäste. Die Gäste möchten wissen, wie die einzelnen Besteckteile, Lebensmittel und Gegenstände auf Russisch heißen.

Beispiel:

– Как по-рýсски „Messer“?
– Нож.

– Что знáчит „Stuhl“ по-рýсски?
– Стул.

Übung 5

Ordnen Sie die deutschen Antworten zu und übersetzen Sie sie!

Ты хóчешь есть?
Почемý ты не ешь сыр?
Привéт, Олéг.
Как делá?
Вы чáсто едúте в кафé?

Nein, selten.
Hallo.
Danke, gut...
Ich mag keinen Käse.
Ja, sehr.

Übung 6

Erzählen Sie weiter!
Beziehen Sie dabei die Bilder ein.

Сего́дня Попо́вы ждут го́стя. Роди́тели и де́ти гото́вят обе́д...

Übung 7

Sprechen Sie aus der Perspektive des deutschen Gastes.

Сего́дня я иду́ на у́лицу Пу́шкина. Я иду́ в го́сти...

Übung 8

Kennen Sie eine russische Familie?
Erzählen Sie, wie diese Familie einen Besuch empfängt.

» ***Е́хать в Ту́лу со свои́м самова́ром*** «

Essen und Trinken in Russland

Die russische Küche ist überaus vielfältig, da in ihr Spezialitäten vieler Volksgruppen vertreten sind.

Ein festliches Essen beginnt in Russland stets mit *Sakuski* (kalten Vorspeisen), einer ganzen Reihe unterschiedlicher Salate, Sülzen, eingelegtem Fisch, *Kaviar*, Wurst, *Piroshki*, gefüllten Eiern. Das Servieren der Sakuski vor dem Hauptgericht ist eine alte Tradition. Schon im 10. Jahrhundert hat man zu Beginn einer Mahlzeit kalte Gerichte serviert. Die russischen Hausfrauen entwickelten im Laufe der Zeit mit viel Phantasie immer neue Rezepte. Die Zahl der Sakuski wurde daher immer größer. Zu den Sakuski trinken die Gastgeber und ihre Gäste *Wodka* und andere starke Getränke. Ein alter Brauch ist auch der Empfang des Gastes mit Brot und Salz, die ihm auf einem bestickten Handtuch überreicht werden.

Ein beliebtes Hauptgericht sind *Pelmeni:* Maultaschen aus Teig, gefüllt mit Fleisch, Zwiebeln und Gewürzen.

Die russische Küche ist reich an Suppen. Die bekanntesten darunter sind: *Borschtsch*, *Soljanka* (Fleisch- oder Fischsuppe mit Sauerkohl, Gurken und Gewürzen), *Ucha* (Fischsuppe) und *Schtschi* (Kohlsuppe). Zu den Suppen werden Roggenbrot und gefüllte *Piroggen* (eine Art Pastete) gegessen. Beliebt ist auch die kalte Suppe *Okroschka*, die im Sommer serviert wird: sie wird zubereitet aus *Kwass* (einem alkoholfreien Getränk, das mit Bierhefe zubereitet wird und sehr gut den Durst löscht), Fleisch, Gurken, Kräutern und Gewürzen. Dazu werden saure Sahne und gehackte hart gekochte Eier gereicht. Zu den bekanntesten Delikatessen der russischen Küche zählen auch die *Bliny*.

Zu jeder Tageszeit trinkt man in Russland *schwarzen Tee*. Die erste Tasse schwarzen chinesischen Tee trank die Zarenfamilie bereits im 17. Jahrhundert. Seitdem ist das Getränk für die Russen zu einer Art Nationalgetränk geworden. In einer kleinen Keramikkanne wird ein kräftiger Extrakt angebrüht, der anschließend mit sprudelnd kochendem Wasser auf die gewünschte Stärke verdünnt wird. Das Wasser kommt meistens aus dem *Samowar*. Der klassische russische Samowar ist aus Kupfer und wird vorwiegend in der Stadt Tula hergestellt. Wenn man etwas Überflüssiges tut, trägt man daher in Russland nicht Eulen nach Athen, sondern fährt nicht mit dem eigenen Samowar nach Tula!

закýски

икрá, пирожкѝ

вóдка

пельмéни

борщ, солянка

ухá

щи

пирогѝ

окрóшка

квас

блины́

чёрный чай

самовáр

Уро́к 6

Óтпуск – кани́кулы

Уро́к 6

1

– Константи́н Семёнови́ч, како́й сего́дня день, вто́рник или среда́?
– Сего́дня вто́рник.
– А когда́ вы идёте в о́тпуск? В сре́ду?
– Нет, че́рез неде́лю.
Е́дем купа́ться на мо́ре.

Übung 1

Fragen Sie nach dem Wochentag!

2

– Ми́ла, у тебя́ уже́ о́тпуск?
– Да.
– Что ты де́лаешь сейча́с?
– Собира́ю рюкза́к. За́втра я е́ду за́ город отдыха́ть.
Да, кста́ти, а когда́ ты идёшь в о́тпуск?
– Че́рез ме́сяц.

у + Genitiv		
у меня́	**у нас**	**у меня́** начина́ется о́тпуск
у тебя́	**у вас**	**у меня́** начина́ются кани́кулы
у него́	**у них**	
у неё		

купа́ться	
я	купа́юсь
ты	купа́ешься
он / она́	купа́ется
мы	купа́емся
вы	купа́етесь
они́	купа́ются

Познако́мьтесь!

Меня́ зову́т Ве́ра Миха́йловна.
Тебя́ зову́т Никола́й?
Его́ зову́т Оле́г Петро́вич.
Её зову́т Та́ня.

Нас зову́т Фе́дя и Во́ва.
Вас зову́т Константи́н Семёнович?
Их зову́т Людми́ла Степа́новна и Светла́на Ива́новна.

А как вас зову́т?

3

– Ма́ма, в сре́ду у меня́ начина́ются кани́кулы, а в суббо́ту наш класс хо́чет идти́ в похо́д.
– Куда́?
– В го́ры.

когда́?	**че́рез** ме́сяц **че́рез** год **че́рез** неде́л**ю**

когда́?	**в**	понеде́льник (во) вто́рник сре́д**у** четве́рг пя́тниц**у** суббо́т**у** воскресе́нье

Übung 2

Führen Sie ähnliche Dialoge! Verwenden Sie neben den verschiedenen Wochentagen auch die Wortverbindungen че́рез неде́лю, че́рез ме́сяц, че́рез год!

– Сего́дня пя́тница?
– Нет, сего́дня четве́рг.
– А когда́ ты идёшь в о́тпуск?
– В понеде́льник.

4

– До́брое у́тро, Зинаи́да Ива́новна.
– До́брое у́тро, Вади́м Степа́нович. Вот э́то встре́ча! Вы то́же предпочита́ете е́здить на по́езде?
– Да.
– Куда́ же вы е́дете?
– На мо́ре, отдыха́ть. А вы почему́ здесь?
– Я провожа́ю сы́на. У него́ кани́кулы. Он е́дет в Со́чи к ба́бушке.
– И я е́ду в Со́чи.

Кого́ вы провожа́ете?
сы́н**а** ба́бушк**у** дя́д**ю** дочь

к + Dativ	
К кому́ вы е́дете?	**Куда́** вы е́дете?
к сы́н**у** **к** ба́бушк**е** **к** дя́д**е** **к до́чери**	**к** мо́р**ю**

Уро́к 6

5

– Како́й краси́вый автомоби́ль! Я то́же люблю́ кра́сный цвет. Э́то ва́ша маши́на?
– Нет, сосе́да.
– А ва́ша маши́на в гараже́?
– Нет, я е́зжу на велосипе́де, на трамва́е и́ли на авто́бусе.
– У вас вся семья́ обхо́дится без маши́ны?
– Да, мы все обхо́димся без маши́ны. Моя́ жена́ е́здит на рабо́ту на метро́.
– А де́ти?
– Де́ти хо́дят в шко́лу пешко́м, потому́ что шко́ла ря́дом. А в о́тпуск мы обы́чно е́здим на по́езде.

идти́ →   е́хать →

ходи́ть ⇄   е́здить ⇄

е́хать	на автомоби́л**е** / маши́н**е** на авто́бус**е** на трамва́**е** на велосипе́д**е** на по́езд**е** на метро́ на такси́	На чём вы сего́дня е́дете на рабо́ту? На чём вы обы́чно е́здите на рабо́ту?

Übung 3

Unterhalten Sie sich mit Hilfe der aufgelisteten Vokabeln!

Beispiel:
– Вы всегда́ на маши́не е́здите в о́тпуск?
– Нет.
– А на чём?
– Я предпочита́ю е́здить на по́езде.

метро́	шко́ла	велосипе́д
трамва́й	рабо́та	авто́бус
авто́бус	теа́тр	такси́

Übung 4

Stellen Sie Fragen und beantworten Sie sie!
Wählen Sie das richtige Verb der Bewegung!

На чём вы (е́хать – е́здить) на рабо́ту?
Куда́ вы обы́чно (е́хать – е́здить) в о́тпуск?
Куда́ вы (идти́ – ходи́ть) сейча́с?
Вы ча́сто (идти́ – ходи́ть) в парк?
Куда́ Андре́й (идти́ – ходи́ть) у́тром?
Андре́й, ты то́же лю́бишь (идти́ – ходи́ть) в похо́д?
Куда́ вы сейча́с хоти́те (идти́ – ходи́ть)?
Вы ча́сто (идти́ – ходи́ть) на ры́нок?
Вы сейча́с (идти́ – ходи́ть) в магази́н?
Вы (е́хать – е́здить) в шко́лу на автомоби́ле и́ли (идти́ – ходи́ть) пешко́м?

6 Интервью́:

– До́брый ве́чер. Вы тури́ст из Берли́на?
– Нет, я из Га́мбурга.
Как вас зову́т?
– Меня́ зову́т Ганс.
– А как ва́ша фами́лия?
– Брандт.
– Господи́н Брандт, каки́е у вас впечатле́ния от Петербу́рга?
– Хоро́шие. Петербу́рг – э́то краси́вая архитекту́ра, бе́лые но́чи, се́рое не́бо, мосты́ че́рез Неву́.

– Извини́те, вы впервы́е в Со́чи?
– Да.
– Каки́е у вас впечатле́ния от Со́чи?
– Со́чи – э́то хоро́шая пого́да, голубо́е не́бо, си́нее мо́ре, бе́лые парохо́ды и ра́достные лю́ди.

– Как вы прово́дите свобо́дное вре́мя?
– Мы всегда́ отдыха́ем в дере́вне, потому́ что лю́бим приро́ду.
– Мои́ роди́тели живу́т у мо́ря, поэ́тому я ча́сто е́зжу к мо́рю.

Übung 5

Machen Sie zwei Interviews! Verwenden Sie die angegebenen Vokabeln!

a) Am Meer / У мо́ря
меня́ зову́т, тури́ст из, фами́лия, впечатле́ния, мо́ре, е́здить, ча́сто, ре́дко

b) Auf dem Bahnhof / На вокза́ле
кого́, провожа́ть, е́хать, е́здить, по́езд, оте́ц, де́душка, тётя, мать, муж, жена́

чёрн**ый** стол	си́н**ий** автомоби́ль	**како́й?**
голуб**о́е** не́бо	си́н**ее** мо́ре	**како́е?**
зелён**ая** ла́мпа	си́н**яя** кни́га	**кака́я?**
ра́достн**ые** лю́ди	си́н**ие** карандаши́	**каки́е?**

Здра́вствуй, На́дя!
Пишу́ тебе́ из Деми́дова. Я провожу́ здесь на приро́де о́тпуск. Деми́дово – э́то ма́ленькая дере́вня недалеко́ от Смоле́нска. Здесь краси́вые места́: лес, река́, зелёные луга́. Я живу́ в пала́тке, ря́дом река́ и лес. Ра́но у́тром я гуля́ю в лесу́. Лес здесь густо́й и зелёный. Я слу́шаю, как пою́т пти́цы и то́же начина́ю петь. Днём я купа́юсь, загора́ю и е́зжу в дере́вню, где покупа́ю хлеб, молоко́ и о́вощи. По́сле обе́да я обы́чно чита́ю (кста́ти, сейча́с я чита́ю рома́н "Анна Каре́нина", рома́н о́чень интере́сный), зате́м беру́ акваре́льные кра́ски и иду́ к реке́ рисова́ть. Приро́да здесь о́чень краси́вая. Я смотрю́ на зелёные луга́, голубо́е не́бо, во́ду в реке́, на цветы́ и ра́дуюсь. К сожале́нию, не везде́ така́я прекра́сная приро́да. Ве́чером я пишу́ пи́сьма и слу́шаю ра́дио. Че́рез неде́лю, в пя́тницу, я е́ду домо́й в Волгогра́д. Интере́сно, кака́я там пого́да?

До встре́чи.
Твой Ко́ля.

Э́то моя́ сосе́дка.
Её зову́т Ю́лия. Она́ лю́бит петь. В дере́вню она́ е́здит на велосипе́де.

Übung 6

Übersetzen Sie die Fragen und beantworten Sie sie!

Wo verbringt Nikolaj seinen Urlaub?
Ist Demidowo ein großes Dorf?
Wie ist die Landschaft hier?
Was macht Nikolaj frühmorgens?
Wo kauft er Brot, Milch und Gemüse?
Was macht er noch am Tage?
Wann schreibt Nikolaj den Brief?
Wann fährt er nach Wolgograd?

Übung 7

a) So sieht Andrejs Terminkalender für diese Woche aus. Sagen Sie den anderen Kursteilnehmern, was Andrej an bestimmten Wochentagen macht. Benutzen Sie dabei die Zeitangaben у́тром, днём, ве́чером, до обе́да, по́сле обе́да!

b) Erzählen Sie, was Sie gewöhnlich an bestimmten Wochentagen machen!

Пн.	8.00–12.00	рабо́таю до́ма
Вт.	12.00	обе́д в рестора́не
Ср.	17.00	гото́влю у́жин
Чт.	16.00	библиоте́ка
Пт.	10.00 20.00	ры́нок/о́вощи и фру́кты теа́тр
Сб.	19.00	гость из Во́логды
Вс.	10.00	е́ду за́ город

Übung 8

– Жёлтый и си́ний, пожа́луйста.
– Я люблю́ жёлтый цвет.
– А я си́ний.

a) А како́й цвет вы лю́бите?

b) Welche Farben, die Sie bereits kennen, fehlen hier?

c) Nennen Sie Wortverbindungen (Adjektiv – Substantiv), in denen diese Farbbezeichnungen vorkommen!

Übung 9

Sie sind im Urlaub oder auf Geschäftsreise. Schreiben Sie Ihren Bekannten oder Verwandten eine Postkarte oder einen kurzen Brief über die ersten Eindrücke.

» *Чёрным по бе́лому напи́сано* «

Russische Ferien

Das Wort *Urlaub* bringen die Russen weniger mit *Reisen* in Verbindung als mit *Erholung, Freizeit*. Der überwiegende Teil der Bevölkerung Russlands verbringt den Urlaub im Heimatland. Für das Privatleben steht dann endlich mehr Zeit zur Verfügung. Man lädt Gäste ein und wird eingeladen, isst und trinkt gut und diskutiert seine Alltagsprobleme.

Reisen innerhalb Rußlands sind nicht selten Besuche von Freunden oder Verwandten, die in einem anderen Teil des Landes leben. So ein Besuch bietet den Russen auch die Möglichkeit, eine andere Stadt, eine andere Landschaft kennen zu lernen.

Eine reine Erholungsreise mit Aufenthalt im *Hotel* und Essen in einem *Restaurant* können sich viele Russen aus finanziellen Gründen nicht leisten. Außerdem ist die Zahl der Hotels in vielen Gegenden relativ klein. Wenn sie jedoch reisen, dann ist ihr Wunschziel das *Schwarze Meer*. An seiner Küste herrscht ein mildes Klima, und man findet eine malerische Landschaft mit einer subtropischen Pflanzenwelt vor.

In der früheren Sowjetunion mussten die Bürger jede Auslandsreise beantragen und erhielten bei Zusage einen nur für diese Reise gültigen Pass, der nach der Rückkehr wieder abgegeben werden musste. Seitdem im Lande das Gesetz über freies Reisen in Kraft getreten ist, dürfen die Russen einen ständigen *Reisepass* besitzen und können problemlos ins Ausland fahren. Doch die Zahl derer, die ihren Urlaub in einem anderen Land verbringen, ist noch gering.

о́тпуск, путеше́ствие
о́тдых, свобо́дное вре́мя
гости́ница
рестора́н
Чёрное мо́ре
заграни́чный па́спорт

Уро́к 7

День рожде́ния на да́че

Урóк 7

1

– Привéт, Андрéй!
– Привéт, Олéг.
– Где ты пропадáешь?
– Мы все сейчáс живём на дáче. Там óчень хорошó.
– А что вы там дéлаете?
– Пáпа стрóит сарáй, а вéчером слýшает любúмую пéсню. Мáма готовúт, а пóсле обéда загорáет. Кáтя и я хóдим в дерéвню и покупáем продýкты. Потóм Кáтя рисýет.
– А ты?
– Я пишý дневнúк и стáвлю самовáр. Вéчером на дáче мы всегдá пьём чай из самовáра.

Übung 1

Erzählen Sie!

Где Гончарóвы сейчáс живýт?
Что онú дéлают на дáче?

2

– Нúна Петрóвна здрáвствуйте!
– Здрáвствуйте, Зúночка.
– Где вы пропадáли?
– Мы лéтом жúли на дáче. Там бы́ло óчень хорошó.
– И что же вы там дéлали?
– Муж стрóил сарáй, а вéчером слýшал мýзыку. Дéти ýтром ходúли в магазúн, покупáли продýкты. Я готóвила обéд, а пóсле обéда мы загорáли, купáлись.
– А вéчером, конéчно, смотрéли телевúзор?
– Нет. По вечерáм мы пúли чай из самовáра и бесéдовали. На дáче мы рéдко смóтрим телевúзор.

Bildung des Präteritums

	дéлать	жить	быть	ходúть
он	дéла -л	жи -л	бы -л	ходú -л
онá	дéла -ла	жи -лá	бы -лá	ходú -ла
онó	дéла -ло	жú -ло	бы́ -ло	ходú -ло
онú	дéла -ли	жú -ли	бы́ -ли	ходú -ли

Übung 2

Unterhalten Sie sich in ähnlicher Weise!
Achten Sie auf den Gebrauch der Zeitformen!

a) – Где ты обы́чно живёшь ле́том?
– На да́че…

b) – Где вы жи́ли ле́том?
– Мы жи́ли до́ма, как обы́чно…

3

– Оле́г, ты покупа́ешь инструме́нты? Ра́зве у вас есть да́ча?
– Нет, но бу́дет.
– А кто бу́дет стро́ить? Твой оте́ц?
– И я то́же.
– Зна́чит, ты ско́ро то́же бу́дешь ле́том жить на да́че, бу́дешь загора́ть, купа́ться? А что вы бу́дете де́лать по вечера́м?
– По вечера́м мы бу́дем смотре́ть телеви́зор и чита́ть.
– А день рожде́ния ты бу́дешь пра́здновать на да́че?
– Обяза́тельно! Э́то я обеща́ю. И я приглаша́ю тебя́ и Ка́тю.

Unvollendetes Futur Futurformen von быть + Infinitiv		
я	**бу́ду**	стро́ить
ты	**бу́дешь**	стро́ить
он	**бу́дет**	стро́ить
она́	**бу́дет**	стро́ить
мы	**бу́дем**	стро́ить
вы	**бу́дет**е	стро́ить
они́	**бу́дут**	стро́ить
был	есть	бу́дет

У кого́ есть да́ча?		
у меня́	**есть**	да́ча
у тебя́	**есть**	да́ча
у него́	**есть**	да́ча
у неё	**есть**	да́ча
у нас	**есть**	да́ча
у вас	**есть**	да́ча
у них	**есть**	да́ча

Übung 3

Stellen Sie sich Fragen und geben Sie anschließend Antworten.

z.B. – Что ты бу́дешь де́лать сего́дня ве́чером?
– Я бу́ду смотре́ть телеви́зор. А ты?
– Я бу́ду гото́вить у́жин.

4

– Ни́на ты пригото́вила у́жин?
– Да, у́жин гото́в.
– Ка́тя ты купи́ла хлеб и са́хар?
– Да, ещё у́тром.
– Андре́й, ты поста́вил самова́р?
– Да, вода́ в самова́ре уже́ кипи́т.
– Тогда́ дава́йте у́жинать.
– А ты уже́ постро́ил сара́й?
– Э́то не так про́сто, как вы ду́маете.
Я бу́ду стро́ить сара́й ещё до́лго.

Übung 4

Setzen Sie die empfohlenen Verben ein.
Wählen Sie den richtigen Aspekt.

1. чита́ть – прочита́ть
– Я люблю́ ... Гёте. Я уже́ ... „Фа́уста“.
А ты ещё до́лго бу́дешь ... Пу́шкина?
– Я бу́ду ... „Евге́ния Оне́гина“.

2. писа́ть – написа́ть
– Я – студе́нт университе́та в Га́мбурге.
Я ре́дко е́зжу домо́й.
Но че́рез неде́лю у мамы день рожде́ния.
Я ... обяза́тельно!

Aspektbildung	
стро́ить	постро́ить
чита́ть	прочита́ть
писа́ть	написа́ть
гото́вить	пригото́вить
приглаша́ть	пригласи́ть
получа́ть	получи́ть
брать	взять

5

– Ка́тя, у Оле́га ско́ро то́же бу́дет да́ча! Они́ её уже́ стро́ят!
– И когда́ же они́ постро́ят да́чу?
– Че́рез ме́сяц. А что э́то ты рису́ешь? Что э́то за дом?
– Э́то дом-музе́й Че́хова в Я́лте. У нас туда́ была́ экску́рсия, по́мнишь?
– Да. Когда́ ты э́то нарису́ешь? У Оле́га че́рез ме́сяц день рожде́ния.
Мо́жно я возьму́ твой рису́нок и подарю́ его́?
– Тогда́ я его́ подпишу́.
– А что ты хо́чешь написа́ть?
– Я напишу́: Ка́тя Гончаро́ва.
Вот здесь, внизу́.

Akkusativ (=Genitiv) des Personalpronomens	
Я возьму́ и подарю́	рису́нок/кни́гу его́/её

День рожде́ния на да́че

Сего́дня у Оле́га день рожде́ния. Он пригласи́л госте́й на да́чу. Здесь же Андре́й и Ка́тя Гончаро́вы. Ещё вчера́ Оле́г купи́л проду́кты, а сего́дня он пригото́вил у́жин. Оле́г налива́ет чай. Его́ друзья́ лю́бят пить чай вприку́ску.

– Оле́г, что э́то за кни́га? – спра́шивает Ка́тя.
– Э́то „Евге́ний Оне́гин" Пу́шкина.
– Ну... – говори́т Ка́тя – „Евге́ния Оне́гина" я прочита́ла уже́ давно́. Чита́ть ещё раз не интере́сно.
– Непра́вда, – отвеча́ет Оле́г – „Евге́ния Оне́гина" я прочита́л ещё в шко́ле, но тогда́ я не всё по́нял. Я обяза́тельно прочита́ю его́ ещё раз. Оле́г, ты подари́л прекра́сную карти́ну! Наве́рное, э́то нарисова́л настоя́щий худо́жник. Ты зна́ешь, кто э́то нарисова́л? А како́й краси́вый дом на карти́не! Где он стои́т и кто его́ постро́ил? А каки́е краси́вые цветы́ вы подари́ли! Где расту́т таки́е цветы́?

Ка́тя отвеча́ет:

– Всё о́чень про́сто, Оле́г. Цветы́ вы́росли у нас на да́че. Краси́вый дом стои́т в Крыму́, в Я́лте. Его́ постро́ил Че́хов. Там он написа́л „Вишнёвый сад". Тепе́рь э́то музе́й. А карти́ну нарисова́ла я, пока́ ещё ма́ло изве́стная худо́жница. С днём рожде́ния, Оле́г!

Übung 5

Bestimmen Sie die Zeitform und den Aspekt der Verben, die im Text vorkommen.

Übung 6

Erzählen Sie von Olegs Geburtstag.

Übung 7

Hören Sie sich das Lieblingslied von Andrejs Vater an.
Welches Bild schildert das Lied?

» ***Не дом хозя́ина кра́сит, а хозя́ин дом*** «

Die Datscha in Russland

In der Sommerzeit fahren viele *Stadtbewohner* am Wochenende oder auch für einige Wochen auf ihre Datschas – kleine Häuser (meistens aus Holz) mit einem Stück Land –, die sich außerhalb der Stadt befinden. Dort faulenzen die Urlauber nicht nur, sondern arbeiten auch in ihren kleinen Gärten. Sie kochen Marmeladen und legen *Gurken* und *Tomaten* als Vorrat für den Winter ein.

горожа́не
огурцы́, помидо́ры

Die Bezeichnung „Datscha" ist sehr alt. Abgeleitet ist sie vom Wort „Gabe, Geschenk". Die ersten Datschas wurden im 18. Jahrhundert gebaut. Ihre Besitzer waren Adelige, die für besondere Verdienste vom Zaren Land als Geschenk erhielten und darauf ihre Erholungshäuser – die Datschas – bauten. Heute bedeutet das Wort: Landhaus, Sommerhäuschen.

Im Sommer entfaltet sich häufig das ganze Familienleben auf der Datscha. Alte Leute, die nicht berufstätig sind, ziehen für den ganzen Sommer dorthin. Häufig „hüten" sie dort ihre Enkelkinder, die im Sommer lange Schulferien haben. Und die berufstätigen Eltern schließen sich ihnen an Wochenenden an.

Ein besonderes Zeichen für diese sommerliche Entspannung und zugleich den familiären Zusammenhalt ist das abendliche *Teetrinken* am Samowar. Man legt Wert darauf, dass man auf der Datscha einen „richtigen" Samowar hat. Der richtige Samowar hat im Inneren einen runden Hohlraum, wohin Tannenzapfen und dünne Holzscheite geworfen und angezündet werden. Man setzt auch zusätzlich ein langes *Rohr* ein, damit diese Füllung besser brennt. Das ganze Ritual nennt man im Russischen „ста́вить самова́р".Nachdem das Wasser zum Kochen gebracht wurde, nimmt man das Rohr ab und der Samowar kommt auf den Tisch.Beim abendlichen Tee kommt die ganze Familie zusammen. Man sitzt häufig im Freien oder auf der Terrasse, atmet die ländliche *Luft* mit etwas *Rauch* aus dem Samowar ein, trinkt viel Tee, unterhält sich und ist meist sehr vergnügt.

чаепи́тие
труба́
во́здух
дым

Уро́к 8

В магази́не

Уро́к 8

1

– Зи́ночка, вы ви́дите вон там витри́ны магази́нов?
– Да, ви́жу.
– А магази́н „Ме́бель“ там то́же есть?
– Да, есть.

– Скажи́те, пожа́луйста, ско́лько сто́ит э́тот шкаф?
– Девятьсо́т девяно́сто оди́н ру́бль.
– А э́та ла́мпа?
– Шестьдеся́т пять рубле́й пятьдеся́т копе́ек.

	Nominativ Plural	**Genitiv Plural**
m	магази́ны рубли́	магази́нов рубле́й
f	кни́ги ма́рки	книг ма́рок
n	о́кна пи́сьма	о́кон пи́сем

Demonstrativpronomen Nominativ / Akkusativ	
э́тот шкаф э́та ла́мпа / э́ту ла́мпу э́то кре́сло	э́ти шкафы́ э́ти ла́мпы э́ти кре́сла

0 ноль			
1 оди́н *(m)*, одна́ *(f)*, одно́ *(n)*	**11** оди́ннадцать	**21** два́дцать оди́н	
2 два *(m/n)*, две *(f)*	**12** двена́дцать	**22** два́дцать два	**200** две́сти
3 три	**13** трина́дцать	**30** три́дцать	**300** три́ста
4 четы́ре	**14** четы́рнадцать	**40** со́рок	**400** четы́реста
5 пять	**15** пятна́дцать	**50** пятьдеся́т	**500** пятьсо́т
6 шесть	**16** шестна́дцать	**60** шестьдеся́т	**600** шестьсо́т
7 семь	**17** семна́дцать	**70** се́мьдесят	**700** семьсо́т
8 во́семь	**18** восемна́дцать	**80** во́семьдесят	**800** восемьсо́т
9 де́вять	**19** девятна́дцать	**90** девяно́сто	**900** девятьсо́т
10 де́сять	**20** два́дцать	**100** сто	**1000** ты́сяча

Скóлько?		
1, 21, 31, 41, ...	(…оди́н) рубль, éвро, цент (…однá) мáрка, копéйка	Nom. Sing.
2, 3, 4, 22, 23, 24, ...	(…два) рубля́, éвро (…две) мáрки, копéйки	Gen. Sing.
5–20, 25–30, ...	рублéй, éвро, пфéннигов, мáрок, копéек цéнтов	Gen. Pl.

2

– Зи́ночка, где вы вчерá пропадáли? Я вам звони́ла пóсле обéда.
– Я ходи́ла в магази́н, купи́ла лáмпу. Мы вчерá вмéсте ви́дели э́ту лáмпу в магази́не „Мéбель“.
– А потóм?
– Потóм я былá дóма, писáла пи́сьма. Мой муж и сын сейчáс отдыхáют в Костромé, на Вóлге. Я им написьáла два письмá.
– А я дýмала, что они́ в Крымý, в Я́лте.
– Нет, в Крымý они́ бы́ли год назáд. А сейчáс они́ отдыхáют на Вóлге.

Когдá вы éздили в Кострому́?	год мéсяц недéлю	(томý) назáд

Personalpronomen im Dativ			
кто?		**комý?**	
я		мнé	
ты		тебé	
он		емý	
онá	Зи́на написáла	ей	письмó.
мы		нам	
вы		вам	
они́		им	

Übung 1

Führen Sie Gespräche beim Einkauf!
Verwenden Sie die Preise, die auf der Zeichnung zu sehen sind.
Nennen Sie sie auch mit мáрка, éвро und пфéнниг, цент!

– Скóлько стóит э́то пальтó?
– Пятьсóт девянóсто дéвять (599) рублéй.

Уро́к 8

3

– Ни́на Петро́вна, смотри́те!
Каки́е краси́вые пла́тья в витри́не!
Я обяза́тельно куплю́ одно́.
Тако́е вы мне сове́туете?
– Вот э́то чёрное пла́тье.
Э́тот цвет сейча́с о́чень мо́дный.

купи́ть + Akkusativ	
	оди́н стол
Андре́й купи́л	одно́ пальто́
	одну́ ла́мпу

4

– Здра́вствуйте, Ни́на Петро́вна!
– Господи́н Ве́рнер? Здра́вствуйте! Вы до́лго не звони́ли.
Как дела́? Когда́ вы е́дете домо́й в Га́мбург?
– Че́рез неде́лю. Вы помо́жете мне купи́ть сувени́ры для жены́?
– Коне́чно, за́втра помогу́...

– Каки́е ру́сские сувени́ры у вас есть?
– Вот подно́сы, сувени́ры из де́рева.
– Да..., э́то о́чень краси́во.
– Вы берёте что-нибу́дь?
– Да, я беру́ э́ти две матрёшки.
– А не хоти́те взять ещё вот э́тот подно́с?
Э́то настоя́щий жо́стовский подно́с, ручна́я рабо́та.
– Хорошо́. Тогда́ я возьму́ оди́н подно́с и одну́ матрёшку. Ско́лько э́то сто́ит?
– Сто девяно́сто два рубля́. В ка́ссу, пожа́луйста.

Übung 2

Stellen Sie sich gegenseitig ähnliche Fragen!
Verwenden Sie bitte nur die Zahlen один-одна́-одно́, два-две!

Beispiel:
– У вас в го́роде есть музе́й?
– Есть.
– Мно́го?
– Оди́н.

Улы́бка де́вушки в витри́не

В суббо́ту Андре́й встал по́здно.
Его́ мать уже́ была́ на ку́хне и за́втракала.

– До́брое у́тро, ма́ма.
– До́брое у́тро. Как ты спал?
– Хорошо́. Я сего́дня во сне покупа́л сувени́ры.
– А почему́ ты улыба́ешься?
– Потому́ что мне их продава́ла о́чень краси́вая де́вушка.
– Прия́тный сон. А что ты сего́дня бу́дешь де́лать?
– Я собра́лся в магази́н „Сувени́ры“. Куплю́ что́-нибудь для Ве́рнера.
– А де́ньги у тебя́ есть?
– Есть. Я ведь ме́сяц рабо́тал в библиоте́ке.
– Да, по́мню. Ско́лько же ты зарабо́тал?
– Три́ста пятьдеся́т шесть рубле́й.

Днём Андре́й был в це́нтре го́рода. Внача́ле он рассма́тривал витри́ны магази́нов. Пото́м он уви́дел магази́н "Сувени́ры". В витри́не он уви́дел де́вушку. Она́ оформля́ла витри́ну и улыба́лась.
„Стра́нно – поду́мал Андрей. – Вспо́мнил! Э́то её я ви́дел во сне!“
Че́рез час Андре́й шёл домо́й. В его́ су́мке лежа́ли две матрёшки и два подно́са. Андре́й улыба́лся и вспомина́л де́вушку в витри́не.

Übung 3

Analysieren Sie die Verben, die im Text vorkommen.
Bestimmen Sie die Zeitform dieser Verben.

Übung 4

a) Bilden Sie zum Text Fragen, die mit что, когда́, ско́лько beginnen!
Lassen Sie Ihre Kursnachbarn diese Fragen beantworten.

b) Was finden Sie ungewöhnlich in dieser Geschichte?

» *Не име́й сто рубле́й, а име́й сто друзе́й* «

Russische Souvenirs

Den Touristen in Russland überrascht die Vielfalt des Angebots an Souvenirs, die sich nicht nur in der Farbenfreudigkeit äußert. Das wohl bekannteste russische Souvenir ist die Matrjoschka, eine aus Holz geschnitzte und bunt bemalte Puppe, in der sich mehrere kleinere Matrjoschkas verbergen. Auch *Puppen* in *russischen Trachten* sind in den *Souvenirabteilungen* der Geschäfte oft zu sehen.

ку́кла, национа́льный костю́м, отде́л „Сувени́ры"

Daneben werden eine Reihe von Geschirrartikeln angeboten, z.B. Tassen, Löffel, Teekannen, Töpfe, Honig- und Salzgefäße, sowie Vasen und Schatullen, die die Russen mit den Begriffen *„Chochloma"*, *„Palech"* und *„Shostowo"* assoziieren.

Хохлома́, Па́лех
Жо́стово

Diese Begriffe sind Namen von Ortschaften und gleichzeitig Bezeichnungen für drei sehr bekannte *Kunstgewerbe* in Russland.

худо́жественные про́мыслы

Chochloma ist ein Dorf, das sich im Gebiet Nishnij Nowgorod an der Wolga befindet. Hier entstand im 17. Jahrhundert ein Kunstgewerbe, das bis heute lebendig geblieben ist. Bei der *Chochloma-Bemalung* werden auf *schwarzem Hintergrund* rote, goldene und grüne *Pflanzenornamente* aufgetragen.

хохломска́я ро́спись
чёрный фон
расти́тельный орна́мент

Palech ist ein bedeutendes Zentrum der *Miniaturmalerei* und liegt nordöstlich von Moskau, unweit der Stadt Iwanowo. Im 18. Jahrhundert war es eines der größten Zentren der russischen *Ikonenmalerei*. Heute werden vor allem Schatullen und *Broschen* aus *Pappmaschee* mit leuchtenden und goldenen Farben bemalt. Die Künstler verwenden vorwiegend Motive aus alten russischen Fabeln, Liedern, Bylinen (Heldengedichte / Epen) und Märchen.

миниатю́рная жи́вопись
и́конопись
бро́ши, папье́-маше́

Shostowo ist ein Dorf im Gebiet um Moskau. Hier werden Metalltabletts hauptsächlich mit Blumenmotiven und Abbildungen von Früchten bemalt. 26 unterschiedliche Formen von Tabletts sind bekannt. Dabei ist jede der aufgetragenen Zeichnungen ein *Unikat*.

неповтори́мый рису́нок

Ebenso bekannt ist auch das Kunstgewerbe *„Spielzeug aus Dymkowo"*. Märchenhafte Tierfiguren, Reiter und Damen in Reifröcken werden aus Ton geformt, gebrannt und anschließend mit *Temperafarben* bemalt.

ды́мковская игру́шка
те́мпера

Уро́к 9

В шко́ле и до́ма

Уро́к 9

1

– Ой, кака́я больша́я де́вочка!
 Э́то ва́ша дочь?
– Да, э́то на́ша Ма́ша.
– А ско́лько же тебе́ лет, Ма́шенька?
– Мне семь лет. А вам?
– Мне три́дцать два го́да.

	мне	
	тебе́	
	ему́	
кому́?	ей	25 лет
	нам	
	вам	
	им	

1	год
2, 3, 4, …, 22, 23, 24, …	го́да
5, 6... 20	лет
21	год
35	лет
50	лет

Übung 1

Führen Sie kurze Gespräche wie im Beispiel:

– Ско́лько тебе́ (вам) лет?
– Мне 25 лет. Че́рез год мне бу́дет 26 лет.
 Год наза́д мне бы́ло 24 го́да.

чьи?	
мой	на́ши
твой	ва́ши
его́ / её	их

2

– А чьи э́то де́ти? Ва́ши?
– Да, мо́и.
– Вот не зна́ла… И ско́лько же им лет?
– До́чери год. А сын уже́ большо́й.
 Ему́ три го́да.
– В де́тский сад хо́дит?
– Нет ещё. Я ведь до́ма.

Übung 2

Stellen Sie sich Fragen und geben Sie Antworten!

Beispiel: Э́то чья шко́ла? Ва́ша? – Нет, э́то не на́ша шко́ла.
На́ша шко́ла вон там. / Да, э́то на́ша шко́ла.

3

– Та́нечка, где ты была́ сего́дня у́тром?
– В шко́ле.
– Ты уже́ хо́дишь в шко́лу? А с кем ты сиди́шь?
– С Макси́мом.
– А твоя́ подру́га А́ня? Она́ то́же сиди́т с ма́льчиком? И́ли с де́вочкой?
– Она́ сиди́т одна́.
– Почему́?
– Потому́ что ей все меша́ют.

Кто?	все	А́не все меша́ют.
Что?	всё	А́не всё меша́ет.

4

– Кем ты ста́нешь, Ка́тя?
– Я ста́ну учи́тельницей и бу́ду рабо́тать в шко́ле.
– А ты Ма́ша?
– Я ста́ну экскурсово́дом и бу́ду знако́мить всех с го́родом.
– А ты Та́нечка?
– Я бу́ду ма́мой. Дочь я назову́ Све́той. Я бу́ду с до́черью мно́го игра́ть и мно́го ей расска́зывать. Бу́ду учи́ть её де́лать всё хорошо́ и пра́вильно. Мы вме́сте бу́дем изуча́ть иностра́нный язы́к. Я познако́млю её с го́родом, со шко́лой, с учи́тельницей Ка́тей и с экскурсово́дом Ма́шей.

Akkusativ		Instrumental
Дочь	я назвала́	Све́той
Сы́на		Оле́гом

Übung 3

Nennen Sie Beispiele aus Dialog 4, wo das Verb быть als Hilfsverb für die Bildung des Futurs gebraucht wird. Nennen Sie dann Beispiele aus dem Dialog, wo das Verb быть in der Bedeutung „werden" vorkommt.

Übung 4

Ergänzen Sie die Sätze. Öffnen Sie die Klammern.

Beispiel:
Мой брат изуча́ет неме́цкий язык. Он ... (учи́тель). –
Мой брат изуча́ет неме́цкий язы́к. Он бу́дет/ста́нет учи́телем.

1. Мой сосе́д – студе́нт университе́та. Он … (гео́лог).
2. Ма́ша изуча́ет музе́и го́рода. Она́ … (экскурсово́д).
3. Моя́ сестра́ ча́сто слу́шает му́зыку. Она́ … (музыка́нт).
4. Моя́ сосе́дка изуча́ет англи́йский язы́к и компью́тер. Она́ … (секрета́рь).

5

– Де́ти, э́то наш шко́льный буфе́т.
Во вре́мя переме́ны мы здесь еди́м.
– А ко́фе здесь есть?
– Есть.
– С моро́женым?
– Нет. У нас в буфе́те ко́фе с молоко́м.

с чем?
молоко́м
с сы́ром
с колбасо́й

с кем?	
с Макси́мом	со Све́той
с дру́гом	с подру́гой
с Серге́ем	с А́ней
с учи́телем	с Воло́дей
с му́жем	с жено́й
aber: с ма́терью, с до́черью	

6

– Ра́зве сего́дня есть семина́ры?
– Да, весь день.
– А когда́ бу́дут ле́кции по литерату́ре?
– Всю неде́лю. У нас ле́кция была́ вчера́, а у вас бу́дет за́втра.

У меня́…		
вчера́	**сего́дня**	**за́втра**
был семина́р	(есть) семина́р	бу́дет семина́р
была́ ле́кция	(есть) ле́кция	бу́дет ле́кция
бы́ло заня́тие	(есть) заня́тие	бу́дет заня́тие
бы́ли уро́ки	(есть) уро́ки	бу́дут уро́ки

Nominativ	как до́лго? (Akkusativ)
весь	весь день
вся	всю неде́лю
всё	всё у́тро
все	все дни

Кто кого́ у́чит?

У Ка́ти Гончаро́вой две сосе́дки: Ма́ша и Та́ня. Ка́те двена́дцать лет, Ма́ше – семь, а Та́не шесть лет. Ча́сто они́ хо́дят в шко́лу все вме́сте. Иногда́ Та́ня идёт в шко́лу с ма́мой и́ли с па́пой, потому́ что Та́ня ещё ма́ленькая.

Ка́тя уже́ больша́я и стро́гая. Она́ следи́т за Ма́шей и Ка́тей и лю́бит де́лать замеча́ния. Сего́дня она́ спра́шивает:

– Та́ня, где твой паке́т с бутербро́дом?
– В ра́нце.
– А э́то чьи пирожки́?
– Мои́ – отвеча́ет Ма́ша, – у меня́ сего́дня пирожки́ с пови́длом. О́чень вку́сные. Хо́чешь?
– Нет, спаси́бо. Вы сего́дня весь день в шко́ле. Съеди́те всё э́то во вре́мя переме́ны.
– А ты где сего́дня обе́даешь? – спра́шивают де́вочки.
– До́ма, с ма́мой и Андре́ем. У него́ сего́дня то́лько одна́ ле́кция и оди́н семина́р. И мы с Андре́ем обе́даем до́ма с ма́мой.
– А твой брат у́чится в университе́те? – спра́шивает Ма́ша. – И кем он бу́дет?
– Он изуча́ет неме́цкий язы́к и ста́нет, наве́рное, учи́телем.
– И бу́дет всех учи́ть?
– Почему́ всех? Он бу́дет проводи́ть заня́тия в шко́ле.
– Нет, – отвеча́ет Та́ня. – Ма́ма го́ворит, что на́ша учи́тельница у́чит всех. И ма́му с па́пой то́же.

Übung 5

Beantworten Sie die Fragen zum Text!

1. Ско́лько лет Ка́те? Ма́ше? Та́не?
2. Как Ка́тя следи́т за Ма́шей и Та́ней? Что она́ спра́шивает?
3. С кем Та́ня хо́дит в шко́лу?
4. Кем бу́дет брат Ка́ти?
5. Что де́лает учи́тель в шко́ле?
6. Почему́ Та́ня говори́т, что учи́тель у́чит всех?

Übung 6

Erinnern Sie sich an frühere Schulfreunde?
Erzählen Sie über sie!

Übung 7

Lesen Sie die folgende kurze Geschichte, die Lew Tolstoj den kleinen Dorfschülern erzählt hat. Sprechen sie anschließend über den Sinn der Geschichte.

Учёный[1] сын

Сын прие́хал из го́рода к отцу́ в дере́вню. Оте́ц сказа́л: „Мы сейча́с собира́ем урожа́й[2]. Во дворе́ лежа́т гра́бли [3]. Э́то для тебя́. Бу́дешь мне помога́ть."
А сын не хоте́л помога́ть. Он отве́тил: „Я в го́роде изуча́л нау́ки [4], а все дереве́нские[5] слова́[6] забы́л[7]. Что тако́е гра́бли?"
Во дворе́ сын наступи́л[8] на гра́бли – и они́ уда́рили[9] его́ в лоб[10]. „Кто же здесь гра́бли бро́сил[11]?" – спроси́л сын.
„Сра́зу[12] вспо́мнил, что тако́е гра́бли?" улыбну́лся оте́ц.

[1]gelehrt; [2]die Ernte einbringen; [3]Rechen; [4]Wissenschaften; [5]dörflich; [6]Wörter; [7]vergessen; [8]auf etwas treten; [9]schlagen; [10]die Stirn; [11]liegen lassen; [12]sofort

» *Я́йца ку́рицу не у́чат!* «

Über das Bildungssystem in Russland

Nach einigen Reformversuchen ist in Russland die *allgemeinbildende Schule* mit elf Schuljahren am meisten verbreitet. In der nächsten Zukunft ist der Übergang zur zwölfjährigen Schulbildung geplant. In vielen Regionen, vor allem in Großstädten, sind Gymnasien eingerichtet, die begabte Kinder nach der *Grundschule* aufnehmen. Außerdem gibt es noch für die letzten zwei Schuljahre *Lyzeen*, die den Hochschulen angeschlossen sind und die Schüler gezielt auf das spätere Studium vorbereiten. Im 19. Jahrhundert waren in Lyzeen Kinder der Adeligen ausgebildet worden. Im heutigen Russland entstanden Gymnasien und Lyzeen wieder in den 90er-Jahren. Sie kamen somit aus der Vergessenheit der letzten 70 Jahre, in denen das Bildungssystem einheitlich und die allgemeinbildende *zehnjährige Schule* für alle gleich war. Die *Schuluniform*, die in der Sowjetzeit für Schulkinder vorgeschrieben war, ist – wie diese – Geschichte.

Das *Schuljahr* beginnt in ganz Russland am 1.September. Dieser Tag trägt den offiziellen Namen *„Tag der Kenntnisse"*. Nach alter Tradtion gehen die Schüler mit Blumen, die sie ihren Lehrern schenken, zur Schule.

Die in der Schule unterrichteten Fächer sind etwa die gleichen wie in westlichen Schulen. In der Sowjetzeit waren aber viele Fächer von der kommunistischen Ideologie geprägt. Nach den gesellschaftlichen Umwälzungen im Lande haben sich ihre Inhalte geändert. Dies betrifft in erster Linie Fächer wie Geschichte und Literatur.

Das Abiturzeugnis, das die Schulabsolventen bekommen, heißt in Russland аттеста́т зре́лости und bedeutet die Hochschulreife.

An russischen Hochschulen und Universitäten gibt es *Aufnahmeprüfungen*. Zum Studium werden nur diejenigen Abiturienten zugelassen, die in diesem Wettbewerb die notwendige *Punktzahl* erreicht haben. Das Studium dauert im allgemeinen fünf Jahre. Nach dem Abschluss begeben sich die jungen Fachleute auf Arbeitssuche. Dabei können wie bei uns leider nicht alle die für sie passenden Angebote auf dem Arbeitsmarkt finden.

общеобразова́тельная шко́ла
нача́льная шко́ла
лице́и
десятиле́тка
шко́льная фо́рма
уче́бный год
День зна́ний
вступи́тельные экза́мены
коли́чество ба́ллов

Уро́к 10

В библиоте́ке

1

– Скажи́те, у вас есть кни́ги о города́х?
– А каки́е города́ вас интересу́ют?
– Я ищу́ литерату́ру о Москве́ и Петербу́рге.
– Путеводи́тели или ещё что́-нибудь?
– Кни́ги об архитекту́ре, музе́ях и теа́трах Москвы́ и Петербу́рга.
– Вот, пожа́луйста.
– А есть что́-нибудь о москвича́х?
– Есть. Вот „Москва́ и москвичи́" Гиляро́вского. О́чень интере́сная кни́га.

Präpositiv	
о ком?	
о москвиче́	о москвича́х
об учи́теле	об учителя́х
о чём?	
о го́роде	о города́х
о музе́е	о музе́ях
о шко́ле	о шко́лах
о ле́кции	о ле́кциях
о письме́	о пи́сьмах

aber:

мать	о ма́тери	о матеря́х
дочь	о до́чери	о дочеря́х
оте́ц	об отце́	об отца́х

Übung1

Fragen Sie nach Büchern über Länder und Städte, die Sie interessieren.

Übung 2

Fragen Sie Ihre Kursnachbarn!

О ком вы ча́сто ду́маете? (говори́те, расска́зываете)
О чём вы лю́бите чита́ть? (говори́ть, расска́зывать)

2

– Ма́ма, а где Андре́й?
– Он пошёл гуля́ть с соба́кой.
– А когда́ он придёт домо́й.
– Че́рез час. Но он сра́зу пое́дет в библиоте́ку. Там сего́дня экску́рсия: „Знако́мство с библиоте́кой".
– О, э́то интере́сно! Я то́же пое́ду туда́. И господи́ну Ве́рнеру позвоню́, скажу́. Его́ э́то интересу́ет. Домо́й прие́дем все вме́сте. Бу́дем пить чай.

пойти́ – прийти́
пое́хать – прие́хать

Он пошёл в кино́.

Он пришёл в кино́.

3

– Здра́вствуйте! Я хочу́ стать чита́телем библиоте́ки.
– Пожа́луйста. Да́йте ваш па́спорт. Так... Вот вам формуля́р. Запо́лните его́. Не забу́дьте написа́ть но́мер телефо́на. А вот здесь пра́вила для чита́телей. Внима́тельно прочита́йте и не наруша́йте их.

Imperativ		
они́ чита́-ют	чита́-й	чита́-йте
они́ пи́ш-ут	пиш-и́	пиш-и́те
они́ бу́д-ут	буд-ь	бу́д-ьте
они́ у́ч-ат-ся	уч-и́-сь	уч-и́те-сь
они́ поздра́в-ят	поздра́в-ь	поздра́в-ьте

Übung 3

Lesen Sie das Formular!

Stellen Sie sich vor, Sie helfen jemandem, ein ähnliches Formular auszufüllen. Stellen Sie Fragen. Leiten Sie Ihre Fragen mit *скажи́те, повтори́те, назови́те* *ein.*

Beispiel: Повтори́те, пожа́луйста, ваш а́дрес!

Фами́лия	*Ивано́ва*
И́мя	*Татья́на*
А́дрес	*Москва́, ул. Тверска́я 15 – 21*
Телефо́н	*225 37 12*
Ме́сто рабо́ты	*Моско́вский университе́т*

4

– Зи́ночка, куда́ вы положи́ли но́вые журна́лы?
– Вот под э́ту по́лку.
– Но ведь э́то но́вые журна́лы! Под по́лкой чита́тели их не уви́дят!
– А куда́ же их положи́ть? Мо́жет быть на э́ту по́лку, над словарём?
– Да, положи́те туда́.

Ско́лько лет Пу́шкину?

Сего́дня господи́н Ве́рнер прие́хал в библиоте́ку на экску́рсию для чита́телей. Библиоте́ка о́чень больша́я и нахо́дится в це́нтре го́рода. В гардеро́бе посети́тели сдаю́т пальто́. „Сда́йте, пожа́луйста, портфе́ли и больши́е су́мки! – говори́т экскурсово́д. – Не забу́дьте та́кже сдать кни́ги и газе́ты.“ Пото́м все иду́т в чита́льный зал. Экскурсово́д расска́зывает о библиоте́ке, о её за́лах, о кни́гах и об а́вторах. „Ско́лько лет существу́ет э́та библиоте́ка?“ – спра́шивает господи́н Ве́рнер. „Росси́йская госуда́рственная библиоте́ка существу́ет сто три́дцать во́семь лет – отвеча́ет экскурсово́д. – Она́ существова́ла ещё при царе́. При социали́зме она́ о́чень вы́росла. Во вре́мя перестро́йки здесь, как и везде́, бы́ли измене́ния. Э́то о́чень больша́я библиоте́ка! Я ду́маю, что здесь есть всё“. „И здесь есть все ру́сские писа́тели?“ – спра́шивает господи́н Ве́рнер. „Да.“ – „Все произведе́ния?“ – „Все.“ – „И весь Пу́шкин?“ – „Да, у нас есть все произведе́ния Пу́шкина.“ – „А Гёте то́же есть?“ – „И Гёте то́же есть. У нас да́же была́ юбиле́йная вы́ставка “Пу́шкин и Гёте“. Тогда́ Пу́шкину испо́лнилось 200 лет, а Гёте 250 лет.“ – „А когда́ э́то бы́ло?“ – спра́шивает господи́н Ве́рнер. „Я ду́маю, что вы легко́ определи́те, ско́лько лет наза́д э́то бы́ло – отвеча́ет экскурсово́д. – Вспо́мните год рожде́ния Пу́шкина и приба́вьте 250 лет.“ А вы мо́жете определи́ть, ско́лько лет наза́д в Москве была́ юбиле́йная вы́ставка „Пу́шкин и Гёте?“

Übung 4

Machen Sie ein Rollenspiel. Herr Werner, Katja und Andrej kommen aus der Bibliothek zu Gontscharows nach Hause. Sie und Nina Petrowna trinken Tee und unterhalten sich über die Bibliothek und die stattgefundene Führung.

» *Век живи́, век учи́сь.* «

Moskau und die Moskauer

Moskau ist in den Chroniken zum ersten Mal im Jahre 1147 erwähnt. Dieses Jahr gilt als Gründungsjahr der Stadt. Zuerst war es eine Holzfestung an der *Moskwa*, die sich schon im 14. Jahrhundert in einen schönen *Kreml* aus weißem Stein und später einen Kreml mit roten Ziegelmauern verwandelte. Im 18. Jahrhundert war Moskau schon eine große Handels- und Industriestadt und ein bedeutendes Kulturzentrum. Zu der Zeit entstanden hier das *Bolschoj-Theater* und die erste Universität. Im 19. Jahrhundert wurde das Rumjanzew-Museum mit einer öffentlichen Bibliothek (jetzt – Russische staatliche Bibliothek) eröffnet sowie das *Künstlertheater* gegründet, zu dessen Sinnbild Tschechows *Möwe* wurde. Im 19. Jahrhundert lebte in Moskau auch der russische Schriftsteller Wladimir Giljarowskij (1853 – 1935). Sein Buch Москва́ и москвичи́ gehört zu den besten Schilderungen des Moskauer Lebens Ende des XIX. – Anfang des XX. Jahrhunderts. Er war auch mit vielen Künstlern seiner Zeit gut bekannt und mit Tschechow besonders befreundet. In seinem Buch Москва́ и москвичи́ erzählt er über einen Streich, den er und der junge Tschechow sich einmal erlaubt haben:

Einmal lud er Tschechow zu sich nach Hause zu einem Tee ein. Sie nahmen einen Schlittenkutscher und fuhren durch das verschneite Moskau. An einigen Stellen war der Schnee schon weggetaut und das Pferd musste den

Москва́-река́
Кремль

Большо́й теа́тр

Худо́жественный теа́тр
ча́йка

Schlitten mit großer Anstrengung über das Pflaster ziehen. Da blieb es stehen und musste verschnaufen. Das passierte gerade vor einem Laden, der in ganz Moskau durch seine Salzgurken und eingelegte Zuckermelonen bekannt war. Während das Pferd also zu Atem kam, kauften die beiden Freunde eine solche Zuckermelone, die man ihnen in dickes Papier eingewickelt hatte. Tschechow nahm die Zuckermelone auf den Schoß und sie fuhren weiter.
Das Wickelpapier wurde sehr schnell feucht, dann auch Tschechows Hände. Es war sehr kalt und er konnte die nasse Melone nicht mehr in den Händen halten. Sie wollten schon die Zuckermelone wegwerfen, aber da sahen sie einen Stadtpolizisten.
Giljarowskij schlug vor, die Melone dem Polizisten zu schenken, um sie loszuwerden, und winkte ihn heran. Als der Polizist herankam, reichte er ihm die verpackte Zuckermelone und wollte ihn warnen, dass sie feucht war. Aber da redete plötzlich Tschechow dazwischen und sagte: „Bitte vorsichtig! Hier ist eine Bombe drin. Bringen Sie das ins Revier!"
Die Freunde fuhren weg und erst am nächsten Tag erfuhren sie, was weiter geschah.
Der erschrockene Polizist holte aus dem Nachbarhaus einen Hausmeister, erzählte ihm die Begebenheit und bat ihn aufzupassen, solange er nicht da ist. Mit großen Sicherheitsvorkehrungen bewegte er sich in Richtung Polizeirevier. Ihm folgten ein paar Neugierige, die vom Hausmeister von der „Bombe" erfahren hatten. Im Polizeirevier legte er die „Bombe" in eine kleine Kammer und berichtete den Anwesenden von dem Zwischenfall. Danach gab es eine große Aufregung und ein Teil der Angestellten flüchtete sogar hinaus und wollte draußen zusammen mit anderen Schaulustigen abwarten, bis die Bombe entschärft worden sei. Aber keiner wagte, sie anzufassen.
In dieser Zeit kehrte gerade eine Feuerwehrmannschaft von einem Brand zurück. Als der Brandmeister, der Don-Kosak Bespalow, hörte, was los war, ging er entschlossen ins Revier und dort in die Kammer mit der „Bombe". Eine Minute später kam er heraus, riss die feuchten Papierreste von der Zuckermelone herunter und rief: „So ein Prachtstück! Mit Streifen! Die kommt bestimmt vom Don. Hab' schon lange nicht so was Gutes gegessen."

Урóк 11

На пóчте

1

– Ни́на, ты зна́ешь, что Константи́н в Герма́нии?
– Нет. А ты отку́да зна́ешь?
– Он присла́л мне три откры́тки с ви́дами городо́в. Смотри́, вот они́: пе́рвая из Га́мбурга, втора́я из Ге́йдельберга, а тре́тья из Дре́здена.

 Алексе́й Па́влович – пе́рвый в о́череди.

 Ири́на Влади́мировна – тре́тья в о́череди.

 Рома́н Семёнович – пя́тый в о́череди.

Übung 1

Sprechen Sie über Schulkinder aus ihrer Umgebung. Sagen Sie, in welchem Schuljahr und wie alt sie sind.

Beispiel:
Моему́ сосе́ду Петру́ де́вять лет. Он хо́дит в четвёртый класс.

Ordnungszahlwörter

1.	пе́рвый	пе́рвая	пе́рвое	пе́рвые
2.	второ́й	втора́я	второ́е	вторы́е
3.	тре́тий	тре́тья	тре́тье	тре́тьи
4.	четвёртый	четвёртая	четвёртое	четвёртые
5.	пя́тый	пя́тая	пя́тое	пя́тые
6.	шесто́й	шеста́я	шесто́е	шесты́е
7.	седьмо́й	седьма́я	седьмо́е	седьмы́е
8.	восьмо́й	восьма́я	восьмо́е	восьмы́е
9.	девя́тый	девя́тая	девя́тое	девя́тые
10.	деся́тый	деся́тая	деся́тое	деся́тые

2

– Ири́на Никола́евна, како́го цве́та почто́вые я́щики в Москве́?
– Си́него.
– А у нас в Герма́нии – жёлтого.

– Извини́те, пожа́луйста, где здесь телефо́н-автома́т?
– В конце́ у́лицы, у большо́го до́ма.

– Же́ня, я ви́дела, что ты получи́л письмо́ из Москвы́.От кого́?
– От ста́рого дру́га.
– А я ду́мала – от но́вой подру́ги.

– Курт, ты собира́ешь почто́вые ма́рки?
– Да, собира́ю. У меня́ больша́я колле́кция худо́жественных ма́рок.

Übung 2

Zeigen Sie auf bekannte Gegenstände und fragen Sie einander nach deren Farbe.

Beispiel: Како́го цве́та э́то пла́тье? – Си́него.

Adjektiv – Deklination	Singular			Plural
Nominativ	но́вый	но́вое	но́вая	но́вые
Genitiv	но́в**ого**	но́в**ого**	но́в**ой**	но́в**ых**
Akkusativ	но́вый/но́в**ого**	но́вое	но́в**ую**	но́вые/но́в**ых**

3

– Ой, неуже́ли у них переры́в на обе́д? Ско́лько сейча́с вре́мени?
– Уже́ восемна́дцать мину́т второ́го, а по́чта закрыва́ется на обе́д в час.
– А когда́ она́ опя́ть открыва́ется? В два и́ли в полови́не тре́тьего?
– В два.

Кото́рый час? Ско́лько сейча́с вре́мени?	Когда́ мы встре́тимся? В кото́ром часу́ мы встре́тимся?
Сейча́с…	
четы́ре часа́.	В четы́ре.
пятна́дцать мину́т пя́того / че́тверть пя́того.	Пятна́дцать мину́т пя́того.
полови́на пя́того.	В полови́не пя́того.
без пятна́дцати пять / без че́тверти пять.	Без пятна́дцати пять.
пять часо́в.	В пять.

вре́мя
вре́мени
вре́мени
вре́мя
вре́менем
о вре́мени

Übung 3

Stellen Sie Ihrem Kursnachbarn Fragen nach Öffnungs- oder Schließzeiten, oder verabreden Sie sich. Verwenden Sie unterschiedliche Uhrzeiten.

Beispiele:

– Когда́ открыва́ется по́чта?
– В полови́не девя́того.

– Когда́ мы за́втра встре́тимся?
– Без двадцати́ три.

4

– Бори́с Миха́йлович, вы сейча́с куда́?
– На по́чту, что́бы отпра́вить заказно́е письмо́.
– Тогда́ вам ну́жно спеши́ть. Сейча́с два́дцать пять мину́т седьмо́го, а по́чта закрыва́ется в семь.

– Прости́те, мне ну́жно посла́ть посы́лку.
– В тре́тье окно́, пожа́луйста.

– Мне на́до отпра́вить телегра́мму.
– Запо́лните э́тот бланк, пожа́луйста.

sollen (müssen) → Dativ + на́до / ну́жно + Infinitiv		
	на́до бы́ло…	
Мне	на́до	отпра́вить телегра́мму
	на́до бу́дет...	
	ну́жно бы́ло	
Мне	ну́жно…	посла́ть посы́лку
	ну́жно бу́дет…	

Übung 4

Begründen Sie, warum Sie oder einer Ihrer Angehörigen heute zur Post gehen.

Beispiel: Моему́ бра́ту ну́жно пойти́ на по́чту. Ему́ на́до купи́ть почто́вые ма́рки.

5

– Я хочу́ заказа́ть разгово́р с Герма́нией, со Шту́тгартом.
– Вы мо́жете сра́зу набра́ть но́мер. Снача́ла набери́те 8, по́сле дли́нного гудка́ набери́те 10 – 49, а пото́м ваш но́мер в Герма́нии.
– К сожале́нию, не могу́ дозвони́ться. Всё вре́мя за́нято.
– Тогда́ дава́йте ваш зака́з. На како́е вре́мя?
– На семь часо́в ве́чера.
– Ва́ша фами́лия, но́мер?
– Фами́лия – Шмидт, гости́ница „Ко́смос“, но́мер двена́дцать-со́рок семь.
– Како́й но́мер телефо́на в Шту́тгарте?
– Оди́н-четы́ре-де́вять-во́семь-пять-шесть.
– С кем бу́дете говори́ть?
– С Мо́никой Шмидт.
– Ваш зака́з при́нят. Жди́те.

Кому́ ты звони́шь?	жене́/му́жу

Übung 5

Beantworten Sie die Fragen!

Комý вы звони́ли вчерá вéчером?
В какóй гóрод вы звони́ли?
Какóй нóмер вы набрáли?
Вы дозвони́лись срáзу?

6

– Андрéй, мне нýжно срóчно обменя́ть немéцкие мáрки на рубли́. Где здесь обмéнный пункт?
– До обмéнного пýнкта нýжно éхать на метрó. Но здесь ря́дом есть банкомáт. У вас есть бáнковская кáрточка?
– Да.
– Тогдá вы мóжете получи́ть рубли́ в банкомáте.

На пóчте

Курт Шмидт пéрвый раз в Москвé. В пéрвый день он поéхал на экскýрсию по Москвé. На вторóй день он осмотрéл Кремль и москóвское метрó. На трéтий день нýжно бы́ло сдéлать вáжное дéло: обменя́ть дéньги и послáть женé откры́тку из Москвы́. Поэ́тому Курт Шмидт идёт сначáла в обмéнный пункт, там он меня́ет немéцкие мáрки на рубли́. Потóм Курт идёт на пóчту. По дорóге он спрáшивает: „Скажи́те, пожáлуйста, где здесь пóчта?“ Емý отвечáют: „Э́то недалекó. Иди́те пря́мо, поверни́те напрáво, потóм пройди́те ещё немнóго и поверни́те в переýлок налéво – и вы уви́дите пóчту“. На пóчте Курт покупáет почтóвую мáрку и бросáет откры́тку в почтóвый я́щик. Вдруг он ви́дит стáрого дрýга. Э́то Бори́с Соколóв из Ни́жнего Нóвгорода.

– Курт?! Вот так встрéча!
– Бори́с? Какóй сюрпри́з! Скóлько лет мы не ви́делись?
– Лет пять-шесть. А что ты дéлаешь в Москвé?
– Знакóмлюсь с гóродом, хожý в теáтр, на вы́ставки.
– И что ты ужé ви́дел?
– Кремль и метрó.
– А ты хóчешь пойти́ на вы́ставку почтóвых мáрок? Ты ведь собирáешь почтóвые мáрки.
– С удовóльствием.
– Тогдá давáй пойдём вмéсте в выходны́е дни, в суббóту и́ли в воскресéнье.
– Хорошó. Запиши́ мой нóмер телефóна в гости́нице. Позвони́ мне зáвтра вéчером.
– Обязáтельно. Покá, Курт.
– До свидáния.

Übung 6

Kurt Schmidt erzählt einem russischen Bekannten, wie er den Tag verbracht hat. Übernehmen Sie seine Rolle!

» *Игра́ть пе́рвую скри́пку* «

Die Post

In Russland erkennt man ein Postamt an der Aufschrift Почта oder Почтовое отделение.
Der Betrieb läuft grundsätzlich ähnlich wie in Deutschland. Den größten Unterschied findet man im Bereich des Fernmeldeverkehrs. Es gibt auf russischen Postämtern besondere Abteilungen für Telefongespräche und Telegrammaufgabe. Oft muss man Telefonate anmelden, entweder über das *Inlands-* oder das *Auslandsfernamt*. Die *Verbindung* wird dann vom *Postangestellten* hergestellt. Innerstädtische Telefongespräche werden von *Telefonzellen* aus geführt. In größeren Städten besteht diese Möglichkeit auch für in- und ausländische Ferngespräche.
Eine weitere Besonderheit gibt es beim Paketversand. Bis 1 kg Gewicht kann man Gegenstände als *Päckchen* schicken. Werden leichtere Sachen verschickt, benutzt man selbst genähte Leinensäcke. Diese werden erst auf dem Postamt verschlossen und versiegelt. Handelt es sich um schwere Dinge oder Lebensmittel, werden Holzkisten verwendet, die ebenfalls erst auf dem Postamt verschlossen und mehrfach versiegelt werden. *Pakete* werden nicht zugestellt. Man bekommt eine Benachrichtigung vom Postamt und muss sich das Paket dort abholen.
Man kann auf der Post außer *Briefmarken* auch *Briefumschläge*, z. T. mit schon aufgedruckten Briefmarken, sowie *Ansichtskarten* in großer Auswahl kaufen. Für Briefe ins Ausland gibt es spezielle Umschläge, auf denen die Kennziffer „555“ für einen *Auslandsbrief* bereits vorgedruckt ist.

междугоро́дная/междунаро́дная ста́нция, связь,
почто́вый слу́жащий
телефо́н-автома́т

бандеро́ль

посы́лки

почто́вые ма́рки
конве́рты
откры́тки с ви́дами

междунаро́дное письмо́

Уро́к 12

Жизнь в го́роде и в дере́вне

1

– Вы в Во́логде где жи́ли, в це́нтре и́ли на окра́ине?
– В це́нтре.
– А где там мо́жно бы́ло гуля́ть?
– О́коло на́шего до́ма большо́й двор. В це́нтре э́того двора́ расту́т берёзы и други́е дере́вья, а ря́дом стоя́т но́вые скаме́йки. Ста́рые лю́ди сидя́т там по вечера́м, разгова́ривают.
– А молоды́е лю́ди где гуля́ют?
– В наш двор и молодёжь прихо́дит. Э́то друзья́ мои́х дете́й. Они́ хоро́шие и весёлые ребя́та, и мне помога́ют.

Übung 1

Stellen Sie sich gegenseitig Fragen und geben Sie Antworten!

Beispiel:
Где живёт ваш оте́ц? – В Берли́не. У моего́ отца́ там дом.
Где живёт ва́ша подру́га? – Она живёт в Во́логде. У неё кварти́ра в Во́логде.

2

– Ско́лько сейча́с вре́мени?
– Полови́на шесто́го. Вы, О́ля, торо́питесь?
– Сего́дня ве́чером по телеви́зору бу́дут пока́зывать дере́вню, кото́рую я хорошо́ зна́ю. Я там вы́росла, там живёт моя́ ма́ма. Хочу́ посмотре́ть.
– А когда́ вы там бы́ли в после́дний раз?
– Год наза́д, во вре́мя о́тпуска, кото́рый мы с му́жем обы́чно прово́дим в дере́вне.

Übung 2

Antworten Sie auf Fragen mit Hilfe des Dialoges 2!

Что бу́дут ве́чером пока́зывать по телеви́зору?
Когда́ О́ля с му́жем в после́дний раз была́ в дере́вне?

Übung 3

Geben Sie eine Erklärung ab!

Beispiel:
Что э́то за дом во дворе́? – Дом, кото́рый стои́т во дворе́, э́то мой дом. Я здесь живу́.

1.Что э́то за молоды́е лю́ди сидя́т на скаме́йке? 2.Что э́то за дере́вню пока́зывают по телеви́зору? 3.Что э́то за дере́вья растут во дворе́?

Übung 4

Hören Sie sich den folgenden Ausschnitt aus einem Kindergedicht an. Bestimmen Sie die grammatischen Formen der hervorgehobenen Wörter.

Вот дом, ***кото́рый*** *постро́ил Джек.*
А э́то пшени́ца [1],
Кото́рая *в тёмном [2] чула́не [3] храни́тся [4]*
В до́ме,
Кото́рый *постро́ил Джек.*

❀

А э́то весёлая пти́ца-сини́ца [5],
Кото́рая *ча́сто ворýет пшени́цу,*
Кото́рая *в тёмном чула́не храни́тся*
В до́ме,
Кото́рый *постро́ил Джек.*

❀

Вот кот,
Кото́рый *пуга́ет [7] и ло́вит [8] сини́цу,*
Кото́рая *ча́сто ворýет пшени́цу,*
Кото́рая *в тёмном чула́не храни́тся*
В до́ме,
Кото́рый *постро́ил Джек.*

1. Weizen 2. dunkel 3. Vorratskammer
4. liegen, aufbewahrt werden 5. Meise
6. klauen 7. erschrecken 8. fangen

3

– Макси́м, ско́ро о́тпуск. Пое́дем в дере́вню?
– Мы ка́ждый год туда́ е́здим! Дава́й в э́тот раз пое́дем на мо́ре! Бу́дем купа́ться, загора́ть...
– А как же ма́ма? Она́ ведь ждёт нас!
– Пусть твоя́ ма́ма прие́дет в э́тот раз к нам. Посети́т здесь все на́ши достопримеча́тельности и бу́дет отдыха́ть у нас с вну́чкой. Ната́шка ведь ещё ма́ленькая и ей ещё ра́но е́хать так далеко́.

Imperativ
Пусть/пуска́й она́ прие́дет/приезжа́ет!
Пусть/пуска́й де́ти иду́т в шко́лу!
Дава́й/дава́йте пое́дем на мо́ре!

Übung 5

Bilden Sie Sätze!

е́здить в дере́вню
отдыха́ть на да́че
сиде́ть на скаме́йке
звони́ть домо́й
купа́ться в мо́ре

ка́ждое воскресе́нье
ка́ждый год
ка́ждое ле́то
ка́ждый день
ка́ждую неде́лю

Übung 6

Schließen Sie die angegebenen Kontexte mit einer Einladung ab!

Beispiel:
Мы живём в Ге́йдельберге. Здесь о́чень краси́вый центр го́рода, есть теа́тры, музе́и. (приезжа́ть, го́род) – Приезжа́йте в наш го́род!

1. У нас в го́роде больша́я библиоте́ка. Сейча́с там вы́ставка но́вых книг. Э́то о́чень интере́сно. (посети́ть , библиоте́ка)
2. Мои́ де́ти лю́бят ходи́ть в шко́лу. Там хоро́шие учителя́. Де́ти игра́ют и у́чатся. (посети́ть, шко́ла)
3. У нас во дворе́ хорошо́. Расту́т дере́вья, стоя́т скаме́йки. По вечера́м там мо́жно до́лго сиде́ть и бесе́довать (приходи́ть, двор).

Жи́знь в го́роде и в дере́вне

Мари́я Миха́йловна живёт в Во́логде в це́нтре го́рода, в до́ме N° 27. О́коло до́ма расту́т дере́вья и здесь же, ря́дом стоя́т две скаме́йки. Тут встреча́ются все сосе́ди. Обы́чно э́то стару́шки, кото́рые по вечера́м сидя́т на скаме́йках и обсужда́ют все но́вости.

Сего́дня Мари́я Миха́йловна уви́дела на скаме́йке незнако́мую же́нщину.

– Здра́вствуйте! Пе́рвый раз ви́жу вас у нас во дворе́. Вы к кому́-то в го́сти прие́хали?
– К Плетнёвым. Ольга Плетнёва – моя́ дочь. А я в дере́вне живу́.
– Так вы из дере́вни... А в го́роде с до́черью жить не хоти́те?
– Нет. Мне уже́ шестьдеся́т лет и всё э́то вре́мя я жила́ в дере́вне. Там ходи́ла в шко́лу, пото́м рабо́тала. Де́ти то́же там вы́росли. Дочь по́сле шко́лы прие́хала учи́ться сюда́. Так здесь и оста́лась. У них двухко́мнатная кварти́ра. И вода́ есть, и телефо́н. Им нра́вится.
– А вам?

– А я не хочу́ жить в го́роде. Пе́нсия у меня́ ма́ленькая. На неё в го́роде не проживёшь. А в дере́вне у меня́ огоро́д, ку́ры. Мне там хорошо́, споко́йно. Да и де́ти не забыва́ют.
– А дочь, наве́рное, лю́бит приезжа́ть к вам в дере́вню?
– Ка́ждый год приезжа́ла во вре́мя о́тпуска. А в э́тот год я к ним прие́хала. О́ля с му́жем хо́чет на две неде́ли пое́хать на мо́ре. А я с вну́чкой остаю́сь. Она́ ещё ма́ленькая.
– А не тру́дно вам бу́дет с ребёнком?
– Оди́н ребёнок – ра́зве э́то мно́го? У нас в дере́вне в ка́ждой семье́ бы́ло пять-шесть дете́й. Да ещё огоро́д...
– К сожале́нию, мне ну́жно идти́ домо́й: дела́. Приходи́те к нам сего́дня ве́чером на пироги́. Попро́буете мои́х пирого́в с мя́сом, расска́жете о жи́зни в дере́вне.
– Спаси́бо за приглаше́ние. Приду́ в друго́й раз. Сего́дня прийти́ не могу́. Сейча́с пост. Не всё мо́жно есть. А ве́чером я на слу́жбу иду́. А вы в це́рковь хо́дите?
– Нет, не хожу́… Мои́ роди́тели бы́ли атеи́сты, стро́или но́вое о́бщество. По́мните, как ра́ньше говори́ли: Рели́гия – э́то о́пиум для наро́да. Сейча́с, коне́чно, всё измени́лось. Но бы́стро мо́жно то́лько разру́шить. Что́бы постро́ить, ну́жно вре́мя.

Übung 7

Antworten Sie auf folgende Fragen!

1. Что вы зна́ете об О́льге Плетнёвой?
2. Что вы зна́ете о ма́ме О́льги?
3. Почему́ ма́ма О́льги прие́хала к до́чери?
4. Почему́ она́ не хо́чет жить в го́роде?
5. Почему́ она́ не пошла́ в го́сти?

Übung 8

Sprechen Sie frei!

Где вы хоти́те жить, в го́роде и́ли в дере́вне? Почему́?
Вы зна́ете ва́ших сосе́дей? Расскажи́те о них!

Übung 9

Lösen Sie das Rätsel:

Иду́т три же́нщины́: две ма́тери,
две до́чери и ба́бушка с вну́чкой.
Как так мо́жет быть?
(мать, дочь и вну́чка)

» Ломáть – не стрóить «

Über das russische Dorf

Das russische Dorf hatte für die Entwicklung und Erhaltung der russischen Bräuche und Sitten eine unschätzbare Bedeutung. Die Zelle der dörflichen Gemeinde bildeten Bauernfamilien, in welchen mehrere Generationen unter einem Dach lebten. Der Vater, der das Oberhaupt einer solchen Familie war, seine Frau, ihre erwachsenen Söhne mit Frauen, die Enkelkinder – das war die übliche Zusammensetzung einer Bauernfamilie. Die Männer- und Frauenpflichten waren da geteilt. Die Jungeren mussten sich den Älteren fügen.

Jahrhundertelang lebten russische Familien nach der Hausordnung, die Домострóй hieß. Die Bedeutung dieser Hausordnung ist in der Geschichte umstritten. Die demokratischen Kräfte verurteilen sie als reaktionär. Die konservativen Kräfte hielten Домострóй für eine feste Grundlage des Familienlebens.

Домострóй zählte Pflichten des Hausherren und seiner Frau auf, hob die Erziehung des Nachwuchses als die wichtigste Aufgabe der Eltern hervor und schrieb gewissenhafte und sparsame Haushaltsführung vor. Als eine gute Ehefrau galt laut Домостро́й die Frau, die gutherzig, fleißig, kinderlieb und schweigsam war. Den Kindern sollten die Eltern klar machen, was man nicht tun darf: Man darf nicht stehlen, nicht lügen, keine Unzucht treiben, man soll die Alten achten etc. Ein gewisser Konservatismus des ländlichen Lebens trug dazu bei, dass viele Bräuche von den Eltern an Kinder unverändert weitergegeben wurden, was auch die russische orthodoxe Kirche unterstützte.

Mit dem intensiven Wachstum der Industrie und der Abschaffung der Leibeigenschaft im 19. Jahrhundert trug der Fortgang der Bauern in die Städte dazu bei, dass das Verhältnis der Stadt- und Landbevölkerung sich allmählich veränderte. Die tief greifenden sozialen Erschütterungen des XX. Jahrhunderts in Russland (der 1. Weltkrieg, Revolution, Bürgerkrieg, gewalttätige Verbreitung des Atheismus, Kollektivierung in der Landwirtschaft, der 2. Weltkrieg) haben das Leben des Landes von Grund auf verändert.

Russland ist jetzt ein Land, in dem die städtische Bevölkerung überwiegt. Ein großer Teil der Stadtbewohner hat aber seine Wurzeln noch in den Dörfern. Das Leben vieler Familien ist immer noch patriarchalisch geprägt. Mehrere Generationen leben oft gemeinsam. Die Großeltern leisten bei der Erziehung der Kinder unersetzliche Hilfe. Die alten Leute sind wegen knapper Renten oft auf die Hilfe ihrer erwachsenen Kinder angewiesen. So überstehen die meisten Russen die Umbruchszeit: durch Familienzusammenhalt und gegenseitige Hilfe.

Уро́к 13

Путеше́ствие

1

– Андре́й, здра́вствуй! Ты то́же здесь?
– Здра́вствуй, Воло́дя! Я пригласи́л друзе́й из Герма́нии. Ну́жно показа́ть им интере́сные ру́сские города́. Хочу́ узна́ть в турагенстве, куда́ я могу́ с ни́ми пое́хать.
– Послу́шай, че́рез ме́сяц я е́ду с большо́й гру́ппой тури́стов в Москву́. Хо́чешь вме́сте с на́ми пое́хать по Золото́му кольцу́ Росси́и? Обеща́ю: вы бу́дете о́чень дово́льны э́той интере́сной пое́здкой. Э́то путеше́ствие в исто́рию Росси́и.
– Кака́я уда́ча!
– Приходи́ ко мне́ за́втра в полови́не шесто́го, е́сли вы реши́те е́хать с на́ми.
– Обяза́тельно приду́! До за́втра.

	Nominativ	Instrumental
m	но́вый, си́ний стол	но́вым, си́ним столо́м
n	но́вое, си́нее кре́сло	но́вым, си́ним кре́слом
f	но́вая, си́няя ла́мпа	но́вой, си́ней ла́мпой
Pl.	но́вые, си́ние карандаши́	но́выми, си́ними карандаша́ми

дово́лен	**кем? чем?**	Он дово́лен **но́вой кварти́рой**.
встре́титься	**с кем? с чем?**	Он встре́тился с **неме́цкими друзья́ми**.

Übung 1

Sie erwarten Besuch aus Russland. Wie bereiten Sie sich darauf vor? Verwenden Sie die Wörter турагéнство, поéздка, тури́ст, путешéствие, грýппа.

2

– Так, я всё взял? Чемода́н с веща́ми здесь. Кошелёк с деньга́ми то́же зде́сь. Фотоаппара́т…вот он. Ку́ртка, брю́ки, руба́шка, полоте́нце. Всё здесь.
– Не всё! Ты забы́л свой па́спорт.
– Действи́тельно! И биле́т на по́езд то́же забы́л. Вот он, сла́ва Бо́гу, в па́спорте.
– Когда́ отправля́ется твой по́езд?

– В полови́не деся́того.
А прибыва́ет в Москву́ за́втра у́тром.
– Ты е́дешь в спа́льном ваго́не?
– Коне́чно. Ваго́н тре́тий, ме́сто деся́тое.
– А твои́ друзья́ прилетя́т самолётом?
– Да. Они́ за́втра вылета́ют вторы́м ре́йсом из Фра́нкфурта и прилета́ют в аэропо́рт Шереме́тьево.
Они́ бу́дут лете́ть часа́ два-три.

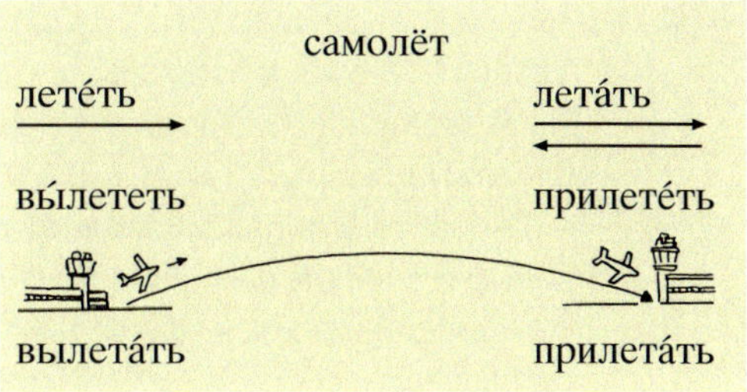

Самолёт вылета́ет из Москвы́ в 14 часо́в 40 мину́т.
Он прилета́ет во Фра́нкфурт на Ма́йне че́рез 3 часа́.

Reflexives Possessivpronomen свой	
— **своего́** **своему́** **свой / своего́** **свои́м** **(о) своём**	Ты взял не **свой** па́спорт, ты взял **его́** па́спорт.

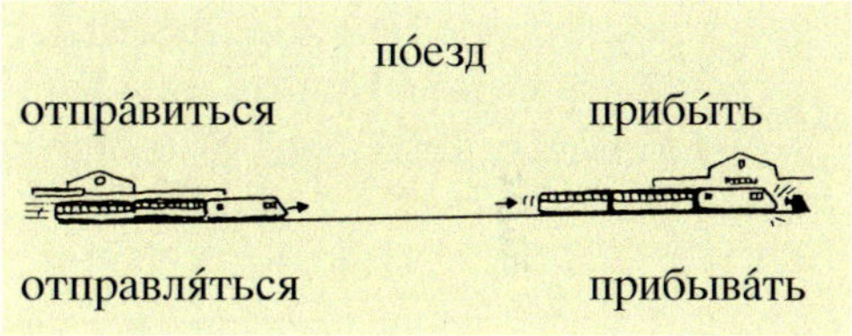

По́езд отправля́ется из Москвы́ в 19 часо́в 30 мину́т.
Он прибыва́ет в Петербу́рг в 8 часо́в утра́.

Übung 2

Sie haben Ihren Koffer gepackt.
Что вы взя́ли?
Что вы забы́ли взя́ть?

3

– Лари́са, здра́вствуй! Э́то я, Андре́й.
– Андре́й! Ты уже́ в Москве́?
– Да. Я звоню́ из гости́ницы "Росси́я", пря́мо из но́мера. Но́мер у ме́ня о́чень хоро́ший: отде́льный, с ва́нной, телефо́ном и с ви́дом на пло́щадь. Ведь гости́ница нахо́дится ря́дом с Кра́сной пло́щадью.
– А где останови́лись твои́ друзья́?
– Им понра́вился большо́й но́мер на двои́х и они́ хотя́т быть вме́сте.
– А что вы бу́дете сейча́с де́лать?
– Сейча́с мы сдади́м ключи́ и пойдём на экску́рсию. Нам нра́вится здесь.
– Я о́чень ра́да. Приве́т друзья́м.
– Спаси́бо. Тебе́ то́же от них приве́т.

Nominativ Plural	Dativ Plural
дом**а́**	дом**а́м**
кни́г**и**	кни́г**ам**
о́кн**а**	о́кн**ам**
музе́**и**	музе́**ям**
дере́вн**и**	деревн**я́м**
мор**я́**	мор**я́м**

Übung 3

Erzählen Sie über Ihren Sommerurlaub.
Verwenden Sie folgende Wörter und Ausdrücke:

отдыха́ть на мо́ре; жить в гости́нице; отде́льный но́мер; но́мер на двои́х; дорого́й – недорого́й; ма́ленький – большо́й; с телефо́ном – без телефо́на; с телеви́зором – без телеви́зора; с ку́хней – без ку́хни; с ви́дом на пло́щадь; с ви́дом на мо́ре

4

– Я вас слу́шаю.
– Мы хоти́м пое́хать по Золото́му кольцу́.
– Иди́те в турагéнство. На у́лице Есе́нина.
– А как пройти́ на у́лицу Есе́нина?
– Пойдёте пря́мо и пе́рвая у́лица нале́во – Есе́нина.
– Спаси́бо. До свида́ния.

где?	Я живу́ **на** у́лиц**е** Пу́шкина.
куда́?	Я иду́ **на** у́лиц**у** Пу́шкина.

5

– Пе́ред ва́ми ка́рта на́шего маршру́та. Пе́рвый го́род – Влади́мир. Он нахо́дится ме́жду Москво́й и Су́здалем.

Übung 4

Fragen Sie die Kursteilnehmer, wer wo sitzt. Beispiel:

– Где ты сиди́шь?
– Я сижу́ ме́жду Катари́ной и За́рой.
– А кто сиди́т ря́дом с За́рой?
– Ря́дом с За́рой сиди́т Макс.

Три дня из дневника́ тури́ста

Понеде́льник

Сего́дня у́тром я со свои́ми неме́цкими друзья́ми прие́хала в Росто́в. По́сле за́втрака мы посети́ли собо́р, кото́рый явля́ется архитекту́рным па́мятником. Днём мы гуля́ли по у́лицам го́рода. Ве́чером на пло́щади пе́рсд гости́ницсй мы познако́мились с ру́сскими студе́нтами и до́лго разгова́ривали с ни́ми.

– Вы прие́хали из Герма́нии?
  – спроси́ли студе́нты У́ве и Ма́ркуса.
– Да, мы живём во Фра́нкфурте на Ма́йне. Но в Герма́нии есть ещё оди́н Фра́нкфурт – на О́дере.
– А в Росси́и – два Росто́ва. Э́то Росто́в Вели́кий и Росто́в на Дону́. Мы из Росто́ва на Дону́. Интере́сно, пра́вда? В Герма́нии два Фра́нкфурта, а в Росси́и два Росто́ва.

Среда́

Susdal, St. Nikolajkirche und Weihnachtskathedrale

Сего́дня мы в Су́здале. Мы любу́емся э́тим го́родом-музе́ем с его́ краси́вым кремлём и церква́ми. Их зде́сь три́дцать пять. Мы посети́ли та́кже знамени́тую це́рковь, кото́рая нахо́дится ме́жду Влади́миром и Су́здалем. Она́ стои́т здесь уже́ во́семь веко́в. Я зна́ю, что в Герма́нии мно́го ста́рых церкве́й. Ма́ркус рассказа́л нам, что жи́тели Кёльна, наприме́р, горд́ятся свои́м собо́ром. Го́род знамени́т та́кже свои́ми церква́ми. Вме́сте с тури́стами его́ слу́шал и наш экскурсово́д.

Суббо́та

У́ве и Ма́ркус о́чень дово́льны на́шим путеше́ствием. Но пора́ домо́й. Их по́езд отхо́дит че́рез два часа́. Он уже́ стои́т у второ́й платфо́рмы. А я, е́сли куплю́ биле́т, вы́лечу пе́рвым самолётом. Когда́ я прилечу́ домо́й, я, как всегда́, скажу́: ”В гостя́х хорошо́, а до́ма лу́чше”.

Kurzform des Adjektivs	
Э́то знамени́тый собо́р. Он уе́хал дово́льный.	Го́род **знамени́т** свои́ми церква́ми. Он **дово́лен** э́той пое́здкой.

Übung 5

Erzählen Sie von Ihrer letzten Sommerreise.

Übung 6

Unterhalten Sie sich darüber, wo Sie den nächsten Urlaub verbringen möchten. Machen Sie sich kurze Notizen über Ihr Reiseziel, sammeln Sie Informationen, und packen Sie Ihre Koffer!

» В гостя́х хорошо́, а до́ма лу́чше «

Auf den Spuren des alten Russland

Viele interessante und denkwürdige Stätten bieten sich als Etappenziele einer *Reiseroute* durch den europäischen Teil Russlands, durch *Sibirien* und den *Fernen Osten* an.
Eine der bekanntesten Rundreisen ist der *„Goldene Ring"*, der durch die alten Städte Wladimir, Susdal, Kostroma, Jaroslawl, Rostow, Pereslawl-Salesskij und Sergijew Posad (vormals Sagorsk) führt. In diesen Städten, die allesamt berühmte Baudenkmäler beherbergen, spiegelt sich die Geschichte Russlands in einzigartigen *Kulturdenkmälern* und historischen Schätzen wider.

Am häufigsten besuchen Touristen die Stadt Sergijew Posad. Sie ist nach dem *Mönch* Sergius von Radonesch benannt, der als außergewöhnlich kluger Mann galt. 1340 gründete er das berühmte *Dreifaltigkeitskloster*, das bis heute ein *Wallfahrtsort* für die gläubigen Russen geblieben ist. Sergius setzte sich tatkräftig für ein vereintes Russland ein und unterstützte den Kampf gegen die tatarisch-mongolischen Horden, die zu jener Zeit die politisch noch nicht verbundenen russischen Städte und Fürstentümer bedrohten und ausbeuteten.
Auf *Ikonen, Fresken,* Miniaturbildern und Stickereien sind viele Darstellungen des heiligen Sergij von Radonesh erhalten geblieben. Unter seinen Schülern, die in seiner Nachfolge zahlreiche Klöster gründeten, war auch der berühmte Ikonenmaler Andrej Rubljow, der heutzutage dank eines eindrucksvollen Spielfilms des russischen Kultregisseurs Tarkowskij auch in Westeuropa sehr bekannt ist. Rubljows Ikone *„Dreifaltigkeit"*, die ursprünglich die Ikonenwand des gleichnamigen Klosters in Sergijew Posad schmückte, kann man heute in der Tretjakow-Galerie in Moskau bewundern.

маршрýт
Сиби́рь
Дáльний Востóк
Золотóе кольцó
пáмятники культýры
монáх
Трóице-Сéргиева лáвра
мéсто палóмничества
икóны фрéски

Трóица

Уро́к 14

Поздравля́ю с пра́здником!

1

– Моего́ отца́ нет до́ма.
– И вчера́ его́ то́же не́ было?
– Нет, не́ было.
– А за́втра он бу́дет до́ма?
– Нет, за́втра его́ то́же не бу́дет до́ма.

–	его́ нет	его́ не́ было	его́ не бу́дет

Ну́жно, **что́бы** он за́втра получи́л э́то письмо́.
Скажи́те ему́, **что́бы** он за́втра позвони́л на рабо́ту.

2

– Здра́вствуйте! Вы Кузнецо́в Па́вел Ива́нович? Вам заказно́е письмо́.
– Я – Кузнецо́в Ви́ктор Па́влович. Па́вел Ива́нович – э́то мой оте́ц. Его́ сейча́с нет до́ма и сего́дня не бу́дет.
– Ну́жно, что́бы он за́втра получи́л э́то пи́сьмо. Пото́м начина́ются пра́здники, и по́чта не бу́дет рабо́тать.
– Хорошо́. Я скажу́ ему́, что́бы он за́втра получи́л заказно́е письмо́.

3

– Ви́ктор, кака́я э́то у тебя́ газе́та?
– Э́то „Изве́стия", господи́н Шмидт.
– А где в Москве́ нахо́дится реда́кция "Изве́стий"?
– Зда́ние реда́кции нахо́дится на Пу́шкинской пло́щади, о́коло ста́нций метро́ „Пу́шкинская" и „Че́ховска́я". А почему́ э́то вас интересу́ет?
– Журнали́сты из „Изве́стий" бы́ли год наза́д в Герма́нии. Хочу́ им позвони́ть, поздра́вить их с Рождество́м и пожела́ть им весёлого Но́вого го́да, мно́го сча́стья и ра́дости.

Plural	
зда́ние	ста́нция
зда́ни**я** зда́ни**й** зда́ни**ям** зда́ни**я** зда́ни**ями** (о) зда́ни**ях**	ста́нци**и** ста́нци**й** ста́нци**ям** ста́нци**и** ста́нци**ями** (о) ста́нци**ях**

Übung 1

Sehen Sie sich das Foto an und beantworten Sie die Fragen.

1. Ско́лько здесь маши́н?
2. Что э́то за зда́ние?
3. Здесь мно́го люде́й?

4

– Здра́вствуйте, Петро́в. Почему́ превыша́ете ско́рость?
– Извини́те, мы торо́пимся. Нас ждут шко́льные това́рищи. Мы не ви́делись мно́го ме́сяцев и сего́дня у нас встре́ча.
– Так е́здить нельзя́. Здесь всегда́ мно́го маши́н, трамва́ев, люде́й. К тому́ же, ско́ро пра́здник! На Рождество́ да́же ве́чером на у́лице мно́го дете́й: прихо́дят посмотре́ть на ёлку. Плати́те штраф!
– У меня́ нет нали́чных де́нег.
– А у ва́ших това́рищей?
– Вот, пожа́луйста…

Plural-Sonderfälle						
Nom.	лю́ди	де́ньги	това́рищи	трамва́и	ме́сяцы	де́ти
Gen.	люде́й	де́нег	това́рищей	трамва́ев	ме́сяцев	дете́й

Übung 2

Sie wohnen in einem Hochhaus im obersten Stock. Erzählen Sie, was Sie aus Ihrem Fenster sehen.

Beispiel: Я ви́жу мно́го домо́в.

маши́ны | трамва́и | лю́ди | де́ти | о́кна | авто́бусы | пло́щади | у́лицы | зда́ния

5

– Како́е сего́дня число́?
– Сего́дня два́дцать пя́тое декабря́.
– Мне ну́жно позвони́ть в неме́цкое посо́льство и́ли пое́хать туда́. Ведь я ско́ро е́ду в Герма́нию и мне нужна́ ви́за.
– Два́дцать пя́того декабря́ посо́льство не рабо́тает. У них рожде́ственские пра́здники.

Datumsangabe	
Како́е сего́дня число́?	Два́дцать пя́тое декабря́.
Когда́ / како́го числа́ в Герма́нии Рождество́?	Два́дцать пя́того и два́дцать шесто́го декабря́.

Übung 3

Fragen Sie Ihre Kursnachbarn, wann sie das letzte Mal ihre Eltern, Kinder, Großeltern, Tanten, Onkel oder Freunde besucht haben!

Beispiel: – Когдá ты был у своúх родúтелей?
– Вторóго января́.

Übung 4

Fragen Sie sich untereinander nach dem Datum!
Verwenden Sie вчерá, сегóдня, зáвтра!

Когдá же в Россúи Рождествó?

Сегóдня 24 декабря́. Кáтя однá дóма: отéц в командирóвке, мáма на рабóте. Вдруг онá слы́шит звонóк. Кáтя дýмает, что приéхал отéц. Егó так дóлго нé было дóма! Кáтя открывáет дверь - но что э́то? На лéстнице стоúт бéлый Дед Морóз, а óколо негó – большáя ёлка. Нет, э́то не Дед Морóз, а господúн Шмидт. Он весь в снегý.

– Здрáвствуйте, – говорúт господúн Шмидт – я пришёл пешкóм. На ýлице идёт сúльный снег, и трáнспорт не хóдит. Трамвáев совсéм нет, таксú тóже нет.

Кáтя помогáет гóстю сня́ть пальтó.

– Ах, господúн Шмидт, почемý вы не позвонúли?
Мáма задéрживается на рабóте, а пáпа ещё не приéхал.
– Я хотéл, чтóбы э́то был сюрприз к прáзднику.
– К какóму прáзднику?
– Как к какóму? К Рождествý! Сегóдня 24 декабря́.
У нас э́тот день называ́ется „der Heilige Abend". А у вас?

Кáтя смеётся.

– А у нас э́тот день называ́ется „двáдцать четвёртое декабря́". У вас, господúн Шмидт, навéрное, нет рýсского календаря́. Правослáвное Рождествó – седьмóго января́, а правослáвный Нóвый год – тринáдцатого января́. Так что Нóвый год мы прáзднуем два рáза. Пéрвый раз – в ночь с трúдцать пéрвого декабря́ на пéрвое января́. Вторóй раз – в ночь с тринáдцатого на четы́рнадцатое января́. В э́тот день мы прáзднуем "стáрый Нóвый год". Ну, хорошó. Шампáнское у нас есть. Мáма звонúла и сказáла, чтóбы её не ждáли. Так что давáйте прáздновать немéцкий сочéльник. Поздравля́ю Вас с прáздником!

Übung 5

Übersetzen Sie die Fragen und lassen Sie einen anderen Kursteilnehmer die Antwort geben!

1. Warum ist Katja allein zu Hause?
2. Was sieht Katja?
3. Warum ging Herr Schmidt zu Fuß?
4. Warum hat Herr Schmidt nicht angerufen?
5. Wann ist russische Weihnacht?
6. Wen möchte Katja morgen einladen?
7. Was werden sie tun?

Übung 6

Fragen Sie einen Kursteilnehmer, ob er in diesem Jahr schon Geburtstag hatte. Führen Sie anschließend mit ihm ein Gespräch; verwenden Sie die passenden Fragen und Antworten!

У тебя́ в э́том году́ уже́ был день рожде́ния?

Нет, не́ было.

Да, был.

Пе́рвого ноября́.

Поздравля́ю тебя́ с днём рожде́ния.

А когда́ бу́дет?

Когда́?

Übung 7

Schreiben Sie eine Grußkarte an Ihre russischen Freunde!

» *Не с деньга́ми жить, а с до́брыми людьми́* «

Weihnachten und Neujahr in Russland

Weihnachten und Neujahr gehören zu den beliebtesten Feiertagen in Russland. Als Europa im 16. Jahrhundert vom julianischen zum gregorianischen Kalender wechselte, blieben die *russische orthodoxe Kirche* und somit auch Russland bei der alten Zeitrechnung. Alle Festtage wurden weiterhin nach dem julianischen Kalender gefeiert. Da die Zahl der Schaltjahre im gregorianischen und julianischen Kalender verschieden berechnet wird, entsteht ein Zeitunterschied, der von Jahrhundert zu Jahrhundert zunimmt. Die russische orthodoxe Kirche blieb bei der julianischen Zeitrechnung. Das führte dazu, dass es in Russland zweimal Neujahr gibt: in der Nacht vom 31.12. zum 1.1. als öffentliches Fest, begleitet von zwei arbeitsfreien Tagen am 1. und 2. Januar, und in der Nacht vom 13.1. zum 14.1. als Fest der russischen orthodoxen Kirche.

русская правосла́вная це́рковь

Weihnachten wird in Russland in Einklang mit der Kirche nach dem julianischen Kalender am 7. Januar gefeiert.

Im 20. Jahrhundert war die Kirche in Russland über 7 Jahrzehnte lang vom Staat getrennt. Da der Staat keine kirchlichen Feste anerkannte, hat das Neujahrsfest die Merkmale der beiden Feiertage in sich vereint. Und obwohl seit 1991 in Russland der 7. Januar wieder arbeitsfrei ist, treibt man an diesem Tag in Russland viel weniger Aufwand als in Deutschland.

Zum Neujahrs- und Weihnachtsfest gehört ein *Tannenbaum,* der mit bunten Glaskugeln, Spielzeugen, in Folie gewickelten Nüssen und Pralinen geschmückt wird. Vor dem Tannenbaum stellt man häufig Puppen auf, die *Väterchen Frost* und seine Enkelin *Snegurotschka* verkörpern.

ёлка

Дед Моро́з
Снегу́рочка

Der Jahreswechsel wird in der Nacht gefeiert. Ein spezielles Neujahrsessen gibt es nicht; es wird eben das Beste aufgetragen, was im Moment da ist. Eine große Bedeutung kommt den *Trinksprüchen* zu. Mit einem Trinkspruch heißt man Gäste willkommen, damit bedankt man sich auch bei den Gastgebern. In der Neujahrsnacht verabschiedet man kurz vor Mitternacht mit einem Glas Sekt das alte Jahr und stößt auf ein gesundes und fröhliches neues Jahr an – genau wie in Deutschland.

тост

Neujahr ist ein Fest der gegenseitigen Bescherung. Die findet meistens am Morgen des 1. Januar statt, wenn die Familie die Gaben von Väterchen Frost unter dem Tannenbaum hervorholt.

Уро́к 15

Зи́ма в Росси́и

1

– Вáши докумéнты, пожáлуйста!
– Пожáлуйста, вот мой пáспорт.
– Какáя у вас поéздка – чáстная и́ли деловáя?
– Чáстная.
– Куда́ и к комý вы éдете?
– Я éду в Москвý к мои́м хорóшим знакóмым.
– Скóлько дней вы бýдете в Москвé?
– Нéсколько дней. Потóм я поéду в Петербýрг к моéй немéцкой подрýге. Онá там сейчáс рабóтает.
– Вот ваш пáспорт. Всегó хорошего.

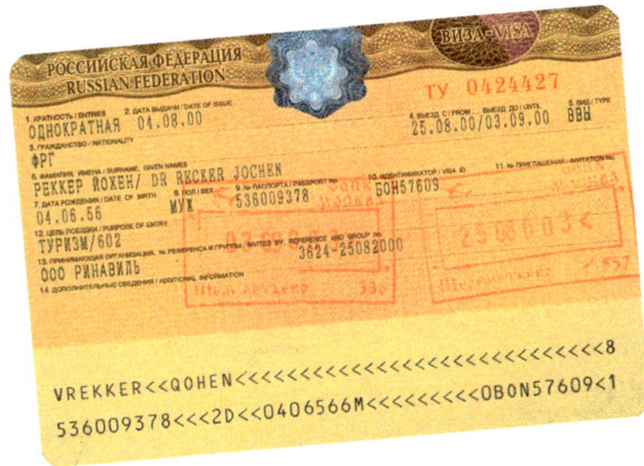

Nom. Pl.	Мои́ хорóшие знакóмые живýт в Москвé.
Dat. Pl.	Я éду к мои́м хорóшим знакóмым в гóсти.

Übung 1

Beantworten Sie die Fragen!

К комý вы обы́чно éдете на Рождествó?
К комý вы поéдете на Нóвый год?

мои́ роди́тели	моя́ подрýга	мой дéдушка
мой друг	нáши друзья́	моя́ бáбушка
хорóшие знакóмые		

2

– Пáпа! Сегóдня нóчью шёл снег.
По пéрвому снéгу хорошó катáться на лы́жах.
– Нет, Кáтя. По э́тому снéгу трýдно катáться.
Снéга мáло и он бы́стро тáет.

Dativ Singular
В Петербýрге я хочý посмотрéть пáмятник Петрý **Пéрвому**. Спаси́бо **э́тому** дóму, пойдём к **другóму**. *(Redensart)*

3

– Извини́те, э́то кака́я пло́щадь?
– Пу́шкинская.
– А как пройти́ к Кра́сной пло́щади?
– Иди́те пря́мо по Тверско́й у́лице. Э́то центра́льная у́лица в Москве́. Сле́ва от Кремля́ уви́дите Кра́сную пло́щадь. Спра́ва – Мане́жная пло́щадь. Там нахо́дится большо́й торго́вый центр.
– А како́е зда́ние нахо́дится у нача́ла Тверско́й у́лицы?
– Э́то Истори́ческий музе́й. В Москве́ мно́го интере́сных музе́ев.
– А где нахо́дится Бороди́нское по́ле?
– Вас интересу́ет Наполео́н и русско-францу́зская война́?
– Да.
– Э́то далеко́. К Бороди́нскому по́лю ну́жно е́хать не́сколько часо́в. Зимо́й там мно́го сне́га.

Übung 2

Fragen Sie nach dem Weg zu...

Кра́сная пло́щадь,
Тверска́я у́лица,
Мане́жная пло́щадь,
Истори́ческий музе́й,
Бороди́нское по́ле

4

– Господи́н Шмидт, где вы вчера́ бы́ли?
– Я гуля́л по го́роду и мно́го фотографи́ровал.
– Что, наприме́р?
– Я фотографи́ровал дома́, па́мятники, маши́ны. В це́нтре мно́го интере́сного.
– А за го́родом вы уже́ бы́ли?
– Да, я е́здил в Бородино́. Там я фотографи́ровал зи́мние пейза́жи. Зимо́й в Росси́и о́чень краси́во.
– А люде́й вы то́же фотографи́ровали?
– Коне́чно! Я фотографи́ровал тамо́женников в аэропорту́, пассажи́ров в метро́, дете́й на у́лице. Твои́х роди́телей, Ка́тя, я то́же сфотографи́ровал. Обяза́тельно пришлю́ вам фотогра́фии!

Ру́сская зима́

Господи́н Шмидт прие́хал в Москву́ в го́сти к свои́м хоро́шим знако́мым. Зимо́й в Росси́и мно́го интере́сного. До́ма господи́н Шмидт подгото́вился к э́той пое́здке. Он взял тёплые ве́щи. Но он не поду́мал о ша́пке. До́ма, в Герма́нии, у него́ нет ша́пки. В Герма́нии мя́гкая зима́. Снег быва́ет не́сколько раз в конце́ января́ – нача́ле февраля́. Одна́ко в Росси́и кли́мат друго́й. Везде́ мно́го сне́га и о́чень хо́лодно. Зимо́й в Росси́и без ша́пки пло́хо. В наро́де говоря́т: „Береги́ нос в большо́й моро́з!".

У господи́на Шми́дта в Москве́ мно́го друзе́й. Друзья́ подари́ли ему́ ша́пку и тёплые перча́тки, и он тепе́рь мно́го гуля́ет и мно́го фотографи́рует. Его́ ча́сто приглаша́ют в го́сти. Э́то то́же интере́сно. Ру́сские лю́бят госте́й и гото́вят ра́зные вку́сные блю́да. Но в э́тот раз господи́н Шмидт немно́го удивлён.

– Господи́н Кузнецо́в, объясни́те, что э́то зна́чит. Я уже́ три ра́за был в гостя́х. Когда́ я пришёл к моему́ пе́рвому знако́мому, мы е́ли блины́ с ры́бой. На друго́й день я пошёл к моему́ второ́му знако́мому, и там мы е́ли блины́ с икро́й. Пото́м я пошёл к моему́ тре́тьему знако́мому, и мы е́ли бли́ны с ма́слом. Бли́ны – люби́мое блю́до ру́сских зимо́й?
– Нет, господи́н Шмидт. На ваш вопро́с отве́тить о́чень легко́. Сейча́с у нас ма́сленица. В Герма́нии в э́то вре́мя карнава́л. Ма́сленица в Росси́и – э́то про́воды зи́мы. У ве́рующих по́сле ма́сленицы начина́ется Вели́кий пост, так что на ма́сленицу лю́ди веселя́тся, хо́дят в го́сти, едя́т блины́. Кста́ти, что вы де́лаете сего́дня ве́чером, господи́н Шмидт?
– Я ещё не реши́л.
– Приходи́те к нам на у́жин.
– Спаси́бо, с удово́льствием приду́. А что мы бу́дем есть?
– Блины́.

Übung 3

Отве́тьте на вопро́сы!
- Почему́ господи́н Шмидт пло́хо подгото́вился к ру́сской зиме́?
- Что господи́н Шмидт де́лает в Москве́?
- Ско́лько раз он ходи́л к свои́м знако́мым в го́сти? Как э́то бы́ло?
- Что тако́е ма́сленица?

Übung 4

Vergleichen Sie den Winter in Deutschland und Russland!

Übung 5

Übersetzen Sie die Fragen und beantworten Sie diese nach dem angebotenen Modell!

Was sehen Sie auf dem Bild?

– Здесь мно́го...

Was möchten Sie fotografieren?

– Я сфотографи́рую э́ти (э́тих)...

» Не всё коту́ ма́сленица, придёт и вели́кий пост «

Ма́сленица in Russland

Im ausgehenden Winter ist ма́сленица in Russland eine beliebte Zeit, die eine Woche dauert. Früher hatten die einzelnen Wochentage der ма́сленица-Zeit je eine besondere Bestimmung. So wurden z.B. am Montag, dem ersten Tag der ма́сленица-Woche, Schneeberge gebaut, Schaukeln und Karussells aufgestellt, Bliny und Süßigkeiten angeboten. Überall wurden Bliny gebacken. In reichen Familien fing man damit schon am ма́сленица-Montag an, in armen Familien erst am Donnerstag. Am Donnerstag erreichten die Feierlichkeiten auch den Höhepunkt. Zu den beliebten Bräuchen gehörten Schlittenfahren, Singen, auch *Faustkämpfe.* — кула́чные бой

In dieser Zeit pflegten die Verwandten einander zu besuchen. So war der ма́сленица-Mittwoch für die Schwiegersöhne reserviert, die von ihren Schwiegermüttern zu Bliny eingeladen wurden. Der ма́сленица-Freitag hieß тёщины вечёрки (Schwiegermutterabende) und diesmal wurden die Schwiegermütter von ihren Schwiegersöhnen eingeladen. In der alten Zeit war es die Pflicht des Schwiegersohns, seine Schwiegermutter am Vorabend zu besuchen und persönlich einzuladen.

Der ма́сленица-Sonntag galt dann dem *Abschied* (про́воды) und der *Vergebung.* (проще́ние) An diesem Tag besuchten die Neuvermählten ihre Verwandten und beschenkten sie als Dank für erhaltene Hochzeitsgeschenke. Die Verwandten besuchten die Ältesten in der Familie und brachten *Lebkuchen* (пря́ники) mit. Beim Abschied verneigte man sich tief und bat einander die Schuld zu vergeben.

Уро́к 16

Приро́да и мы

1

– Де́душка, а что тако́е окружа́ющая среда́?
– Э́то то, что тепе́рь ну́жно охраня́ть.
– А ра́ньше окружа́ющая среда́ была́?
– Нет, не́ было.
– А что бы́ло?
– Ра́ньше была́ приро́да.

2

"Охра́на окружа́ющей среды́"

– Де́душка, ты в како́м году́ роди́лся?
– В ты́сяча девятьсо́т трина́дцатом году́.
– Тогда́ бы́ло хорошо́?
– Хорошо́. Ле́том бы́ло осо́бенно хорошо́. Во́здух был чи́стый.
– А тепе́рь како́й?
– Тепе́рь загрязнённый.
– Почему́?
– Ра́ньше все е́здили на лошадя́х, а тепе́рь все е́здят на маши́нах.

Весна́
Когда́? – Весно́й.

Ле́то
Когда́? – Ле́том.

О́сень
Когда́? – О́сенью.

Зима́
Когда́? – Зимо́й.

Übung 1

Fragen Sie die Kursteilnehmer nach ihrem Geburtsjahr!

Übung 2

a) *На чём вы обы́чно е́здите на ра́боту / в шко́лу?*

b) *Почему́ сейча́с мно́гие лю́ди предпочита́ют велосипе́д?*

3

– Ба́бушка, ты живёшь в большо́й дере́вне?
– Нет, в ма́ленькой. В на́шей дере́вне то́лько пятна́дцать домо́в.
– Когда́ мне бу́дет шестьдеся́т лет, я то́же бу́ду жить в дере́вне.
Расскажи́ мне что́-нибудь о твое́й дере́вне!

Nominativ	Präpositiv
на́ш**а** ма́леньк**ая** дере́вн**я**	в на́ш**ей** ма́леньк**ой** дере́вн**е**
наш больш**о́й** го́род	в на́ш**ем** больш**о́м** го́род**е**
мо**я́** пе́рв**ая** кни́г**а**	о мо**е́й** пе́рв**ой** кни́г**е**
мой пе́рв**ый** муж	о мо**ём** пе́рв**ом** му́ж**е**

Übung 3

Was möchten Sie von den anderen Kursteilnehmern gern wissen?
Fordern Sie sie auf, darüber zu erzählen!

Расскажи́(те) мне о…
свой пе́рвый уро́к; твоя́ / ва́ша семья́; его́ роди́тели; на́ши ру́сские друзья́; э́тот но́вый студе́нт; прекра́сная приро́да Росси́и; нового́дний пра́здник в Москве́

4

– Де́душка, ты хоте́л бы быть молоды́м?
– Хоте́л бы.
– А что бы ты тогда́ де́лал?
– Я бы учи́лся. Зна́ния челове́ку о́чень нужны́.
– А почему́ ты ра́ньше не учи́лся?
– Не́ было возмо́жности. Не то́лько я, но и брат мой не мог учи́ться.
Ну́жно бы́ло рабо́тать.

Übung 4

Lassen Sie uns zusammen in Fragen und Antworten
von einer Reise nach Russland träumen!

Beispiel:

– Ты хоте́л бы пое́хать в Росси́ю?
– Да, хоте́л бы.
– Когда́?
– Я бы пое́хал зимо́й. А ты?
– Я хоте́л бы пое́хать ле́том.
– А куда́?…

5

– Ви́тя, ты в како́м кла́ссе у́чишься?
– В восьмо́м. А ты?
– Я во второ́м. А у вас хи́мия есть?
– Есть.
– Нра́вится?
– Не люблю́ я э́той хи́мии. У нас её никто́ не лю́бит.
– Почему́? Ведь э́то интере́сно! Я хоте́л бы стать хи́миком.

6

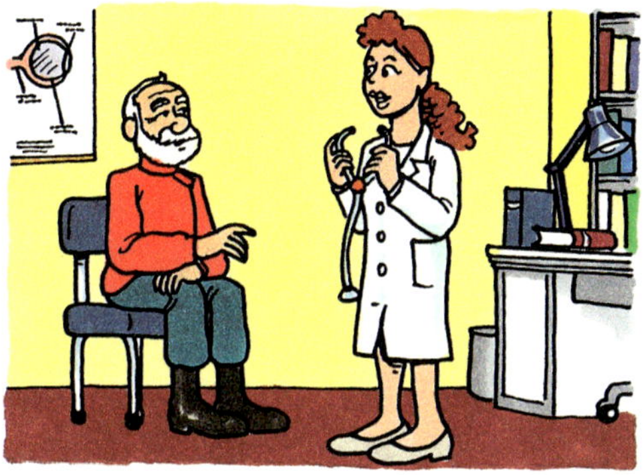

– Здра́вствуйте, де́душка. На что жа́луетесь?
– У меня́ голова́ боли́т. На́сморк уже́ ме́сяца два. И не прохо́дит.
– А температу́ра есть?
– Нет.
– Наве́рное, у вас аллерги́я. Вам хорошо́ бы смени́ть окруже́ние, пое́хать в дере́вню. Там хоро́шая приро́да, дыша́ли бы све́жим во́здухом, пи́ли чи́стую во́ду...

– Ну что, де́душка, вы́писал тебе́ врач реце́пт от твое́й боле́зни?
– Вы́писал.
– И како́й же?
– Ну́жно смени́ть окружа́ющую среду́ на приро́ду.

Отцы́ и де́ти

Дед Ива́н живёт в Ни́жнем Но́вгороде на Во́лге. Ра́ньше он жил в ма́ленькой дере́вне. Тепе́рь э́той дере́вни нет. Там сейча́с иску́сственное мо́ре. А дед Ива́н живёт в кру́пном го́роде. Там мно́го заво́дов, домо́в, маши́н. Но дед Ива́н хоте́л бы жить на приро́де – у ле́са и реки́. В го́роде он живёт со свои́м сы́ном. Когда́ у сы́на го́сти, дед идёт гуля́ть. Он не лю́бит шу́ма. Не то́лько сын, но и его́ знако́мые зна́ют э́то. И никто́ не обижа́ется на де́да. Дед идёт в парк. Там у него́ есть друзья́. Они́ разгова́ривают о жи́зни, о приро́де, о свои́х де́тях. Степа́н Петро́вич, друг де́да Ива́на, ча́сто недово́лен.

– Эх, Ива́н, молодёжь сейча́с друга́я. Жи́зни не зна́ет. Старико́в не уважа́ет. Вот в 1913 (ты́сяча девятьсо́т трина́дцатом) году́… Тогда́, говоря́т, бы́ло хорошо́. Вода́ в ре́ках была́ чи́стая, незагрязнённая. Леса́ здоро́вые. Что тако́е кисло́тный дождь, ни́кто и не знал.

– Ну, Степа́н, э́то сли́шком. Во́лга сейча́с чи́стая. Ры́бы мно́го пла́вает. То́лько во́здух не о́чень хоро́ший, потому́ что мно́го маши́н.
– Не люблю́ я э́ти маши́ны. И совреме́нная молодёжь мне не о́чень нра́вится.
– Ну, молодёжь-то у нас хоро́шая: не то́лько рабо́тает, но и у́чится. А вну́ки!… Обо всём спра́шивают, всё хотя́т знать. Хоте́л бы им помо́чь, да нет возмо́жности: ма́ло учи́лся.
– И я бы им помо́г, да не хотя́т. Когда́ начина́ю о 1913 го́де расска́зывать, никто́ не слу́шает.

Übung 5

Übersetzen Sie und beantworten Sie die Fragen auf Russisch!

1. Wo wohnt Großvater Iwan?
2. Wo hatte er gelebt?
3. Wo möchte Großvater Iwan gerne leben?
4. Was macht der Großvater, wenn sein Sohn Besuch hat?
5. Worüber redet der Großvater mit seinen Freunden?
6. Wie war früher das Wasser in den Flüssen?
7. Warum gefällt Iwans Freund die heutige Jugend nicht?
8. Warum liebt Iwan seine Enkelkinder?

Übung 6

Was stimmt nicht im Leben dieser alten Leute? Ist es nur die Umwelt?
Nehmen Sie auf Russisch Stellung dazu!

» *Ста́рость не ра́дость* «

Das 20. Jahrhundert hat das traditionelle Antlitz Russlands stark beeinflusst. Eine neue Einstellung zur eigenen Geschichte, zum Menschen und zur Schöpfung gab den Anstoß zu vielen Veränderungen. Besonders während der 30er- bis 60er-Jahre ließ man sich von dem Grundsatz leiten: „Мы не мóжем ждать мúлостей от прирóды, взять их у неё – нáша задáча", was auf deutsch etwa so viel bedeutet wie: „Wir können nicht auf die Gnade der Natur warten, unsere Aufgabe ist es, sie uns zu holen". Die Industrialisierung des Landes wurde stark vorangetrieben; den gestiegenen Energiebedarf hat man durch den Bau zahlreicher großer Wasserkraftwerke mit Staudämmen und Stauseen gedeckt. Solche Eingriffe blieben nicht ohne Folgen. In den Flüssen, die durch Staudämme gesperrt worden waren, ging der Fischbestand stark zurück. Die großen Industriegiganten an den Ufern der Flüsse und Seen verbrauchen immer mehr Wasser und verpesten die Luft. Sogar der *Baikalsee* in Sibirien, das größte Reservoir für *Trinkwasser* in der Welt, bleibt von den *Abwässern* nicht verschont. Es kommt vor, dass Industriebetriebe in der Nähe der Naturschutzgebiete errichtet werden, wie das Erdgaswerk in Astrachan. Die Folge ist *saurer Regen*. Die *Autoabgase* sind in Großstädten eine besonders große Belastung. „Führend" in diesem Bereich waren am Anfang der 90er-Jahre Moskau und Petersburg.

Nach der Reaktorkatastrophe von *Tschernobyl* ist ein Teil des weißrussischen Territoriums für das Leben ungeeignet geworden; einige Regionen in Weißrussland, Russland und der Ukraine sind *radioaktiv verseucht.*

Diese großen Ökosünden lassen immer mehr Menschen zu der Erkenntnis kommen, dass man die Natur nicht gewaltsam verändern darf. In besonders problematischen Regionen entstehen Bürgerinitiativen gegen unüberlegte Projekte, die versuchen, Sanierungen durchzusetzen.

Байкáл
питьевáя водá, стóчные вóды

кислóтный дождь
выхлопны́е гáзы

Чернóбыль

подвéргнуться радиоактúвному заражéнию

Уро́к 17

Во́лга-ма́тушка

1

– Андре́й, что ты де́лаешь?
– Реша́ю зада́чу.
– Каку́ю?
– Из Сара́това в А́страхань плывёт теп-лохо́д. Ско́рость теплохо́да – 20 киломе́тров в час. Ско́рость тече́ния реки́ – 5 киломе́тров в час. Расстоя́ние ме́жду города́ми – 750 (семьсо́т пятьдеся́т) киломе́тров.Скажи́те, ско́лько часо́в бу́дет плыть теплохо́д.
– Ну и как, реши́л?
– Да, э́то нетру́дная зада́ча.

Übung 1

Sehen Sie sich die Strecke von Moskau bis Astrachan an.
Nennen Sie Städte, die zwischen Astrachan und Kasan liegen.

Übung 2

Formulieren Sie anhand der Landkarte Rechenaufgaben für die Kursteilnehmer.
Bauen Sie diese nach folgendem Beispiel auf:

Из … в … плывёт теплохо́д.
Ско́рость теплохо́да ….
Ско́рость тече́ния реки́ ….
Расстоя́ние ме́жду города́ми ….

Lassen Sie jemanden diese Aufgabe lösen!

2

– Ми́ша, сходи́, пожа́луйста, в магази́н, купи́ хле́ба, молока́, немно́го фру́ктов и кусо́к сы́ра.
– Ско́лько хле́ба и молока́?
– Два ли́тра молока́ и одну́ буха́нку чёрного хле́ба. И ещё буты́лку воды́.
– А каки́х фру́ктов?
– Купи́ килогра́мм я́блок и оди́н арбу́з.
– Мо́жет быть, арбу́за не на́до? За́втра возвраща́ется па́па. Он обеща́л привезти́ арбу́з из А́страхани. В А́страхани осо́бенно вку́сные арбу́зы.
– Ну, хорошо́. Тогда́ купи́ одну́ ды́ню.

Уро́к 17

Übung 3

Was passt zusammen?

ча́шка
стака́н
буты́лка
килогра́мм
кусо́к

вода́
я́блоки
чай
ко́фе
вино́
шампа́нское
колбаса́
сыр

Übung 4

Fragen Sie andere Kursteilnehmer nach ihren Wünschen.
Die Antworten können verneinend oder bejahend sein.

Beispiele:

– Хоти́те сы́ра?
a) – Спаси́бо, нет. Сы́ра я не хочу́.
b) – Да, спаси́бо. Да́йте мне, пожа́луйста, оди́н кусо́чек сы́ра.

молоко́	чай	ды́ня
колбаса́	я́блоки	ко́фе
вода́	арбу́з	хлеб

3

– Ни́на, когда́ ты у́тром идёшь на рабо́ту?
– В полови́не восьмо́го.
– А прихо́дишь с рабо́ты?
– В шесть.
– А твой муж?
– Е́сли мой муж пошёл на рабо́ту, то его́ нет не́сколько дней. Он пла́вает на теплохо́де. Он капита́н.
– А де́ти весь день одни́ до́ма?
– Нет, с ба́бушкой. Поэ́тому я споко́йна.

куда́?	**отку́да?**
на рабо́ту	**с** рабо́ты
в библиоте́к**у**	**из** библиоте́к**и**

Übung 5

Beschreiben Sie die üblichen Wege Ihrer Familienangehörigen.
Verwenden Sie die passenden Wortverbindungen:

на по́чт**у** – с по́чт**ы**; на экску́рсию – с экску́рсии; на конце́рт – с конце́рта; в шко́лу – из шко́лы; в институ́т – из институ́та; в музе́й – из музе́я; в магази́н – из магази́на; в кино́ – из кино́

4

– Скажи́те, пожа́луйста, где мо́жно найти́ капита́на?
– Капита́н в свое́й каю́те.
– А где его́ каю́та?
– Напро́тив на́шей библиоте́ки.
– Э́то о́коло рестора́на?
– Да.
– А как он вы́глядит?
– Он высо́кого ро́ста. На нём костю́м и ту́фли бе́лого цве́та.
– Спаси́бо. Тепе́рь я его́ обяза́тельно найду́.

Übung 6

Beschreiben Sie Ihr Arbeitszimmer.

Beispiel: О́коло две́ри стои́т стол. Напро́тив стола́ – ка́рта…

Übung 7

Beschreiben Sie einen Kursteilnehmer. Lassen Sie die anderen erraten, wen Sie meinen. Verwenden Sie die angeführten Satzteile.

Он/она́ … ро́ста.
На нём/ней костю́м (пла́тье, ю́бка, брю́ки, руба́шка, блу́зка) … цве́та.
У него́/неё ту́фли … цве́та.
У него́/неё пальто́ (ку́ртка) … цве́та.

5

– Извини́те, вы оди́н сиди́те за э́тим сто́ликом?
– Да.
– Разреши́те нам то́же сесть за э́тот сто́лик, так как свобо́дных мест бо́льше нет.
– Пожа́луйста, бу́ду рад. И мне одному́ бу́дет не ску́чно. Вот меню́. Вы мо́жете заказа́ть обе́д на за́втра.
– Обе́дать в э́том рестора́не мы за́втра не бу́дем. Мы днём пойдём на экску́рсию.
– Вы пойдёте одни́ и́ли с гру́ппой?
– С гру́ппой.
– Тогда́, я, наве́рное, то́же пойду́ на экску́рсию.

Сего́дня я весь день **сижу́ за** пи́сьменным **столо́м.**
Сядь за стол и вы́пей стака́н молока́!

мне ску́чно

мне ве́село

ей хо́лодно

ему́ жа́рко

На теплохо́де по Во́лге

Теплохо́д "Степа́н Ра́зин" пла́вает из Москвы́ в А́страхань и из А́страхани в Москву́. Э́то интере́сное путеше́ствие. Тури́сты во вре́мя э́того путеше́ствия мо́гут осмотре́ть мно́го городо́в. Кро́ме того́, на теплохо́де есть библиоте́ка, кинозáл, рестора́н, видеосало́н. В рестора́не тури́сты не то́лько обе́дают, но и расска́зывают о свои́х впечатле́ниях. Обе́д на теплохо́де зака́зывают зара́нее.
В меню́ не́сколько страни́ц. На пе́рвой страни́це – заку́ски, на второ́й – пе́рвые блю́да, пото́м – вторы́е блю́да. На после́дней страни́це – десе́рт и напи́тки.
Господи́н Шмидт немно́го опозда́л. За его́ сто́ликом уже́ сиди́т незнако́мый мужчи́на. Пе́ред ним – таре́лка су́па и стака́н минера́льной воды́. Он обе́дает.
– Прия́тного аппети́та. Шмидт.
– Спаси́бо. Моя́ фами́лия Ве́бер. Вы уже́ заказа́ли обе́д?
– Да, ещё вчера́. Я заказа́л на пе́рвое борщ, на второ́е – мя́со с карто́шкой, а на десе́рт - моро́женое.
– Вы в Герма́нии то́же зака́зываете на обе́д три блю́да?
– Нет. Но здесь едя́т на обе́д обы́чно пе́рвое, второ́е и тре́тье и я хочу́ узна́ть ру́сскую ку́хню. А вы, господи́н Ве́бер, отку́да? У вас неме́цкая фами́лия.
– По национа́льности я не́мец. Но я из Сара́това. Я там роди́лся и вы́рос.
– Ра́зве на Во́лге живу́т не́мцы?
– Да, и о́чень мно́го. Кро́ме того́, не́мцы живу́т на Украи́не, в Казахста́не… Они́ име́ют культу́рную автоно́мию.
– А в Крыму́ и на Кавка́зе не́мцы есть?
– О́чень ма́ло.
– А где осо́бенно мно́го не́мцев?
Господи́н Ве́бер смеётся:
– Я ду́маю, в Герма́нии.

Übung 8

Übersetzen Sie und beantworten Sie anschließend die Fragen.

1. Wo fährt das Schiff „Stepan Rasin"?
2. Wo können die Touristen essen?
3. Wo erzählen sie über ihre Eindrücke?
4. Wen sieht Herr Schmidt an seinem Tisch?
5. Was steht auf dem Tisch?
6. Woher kommt Herr Schmidt und woher Herr Weber?
7. Wo leben Russlanddeutsche?
8. Wo gibt es besonders viele Deutsche?

» *Оди́н за всех, все за одного́* «

Die Wolga

Die Wolga ist einer der größten Ströme nicht nur in Russland, sondern auch in der Welt. Sie nimmt ihren Anfang auf den *Waldaj-Höhen* und mündet 3530 km weiter in das *Kaspische Meer*. Die enorme Länge sowie die günstige geographische Lage haben schon im 8. Jahrhundert ihre Bedeutung als wichtiger Handelsweg geprägt. Die Städte, die an ihren Ufern entstanden, waren zum Teil auch Festungen, um russisches Territorium vor den *Nomaden* zu *schützen*. Ein Beispiel dafür ist die Stadt Saratow, die im 16. Jahrhundert als Festung am linken Ufer der Wolga gebaut wurde.

Валда́йская возвы́шенность, Каспи́йское мóре

кочéвники, защища́ть

Nachdem *Iwan der Schreckliche* im 16. Jahrhundert die tatarischen *Khanate* Kasan und Astrachan erobert hatte, floß die Wolga von der Quelle bis zur Mündung auf russischem Gebiet.

Ива́н Гро́зный
ха́нство

Später war die Wolgaregion Schauplatz blutiger Bauernaufstände, die die Kosaken Stepan Rasin (17.Jh.) und Jemeljan Pugatschow (18. Jh.) anführten.

Im 18. Jahrhundert haben sich an der unteren Wolga Deutsche und Holländer niedergelassen, die die russischen Zaren ins Land geholt hatten. Sie haben zum Teil ihre Sprache und Bräuche erhalten, obwohl sie in ihrem Schicksal viel Leid erfahren mußten. Mit Beginn des 2. Weltkrieges wurden sie aus dieser Region umgesiedelt.

Im 20. Jahrhundert sind an der Wolga große Industriestädte, *Staudämme* und *Stauseen* entstanden.

плоти́на, водохрани́лище

1943 fand auf den Ufern der Wolga bei Stalingrad (heute Wolgograd) eine der größten Schlachten des 2. Weltkrieges statt.

Die Wolga hat nicht nur russische Geschichte mitgeprägt , sondern auch russische Mentalität. Sie ist in russische Volkslieder und Kultur eingegangen, wie in das Lied über den Rebellen Stepan Rasin, das die Weite der Steppen, die Kraft des Stroms und das russische Temperament zum Ausdruck bringt.

Die Wolga ist nicht nur einer der Lieblingsflüsse der Russen. An ihren Ufern leben auch Tataren, Tschuwaschen und andere Völker.

Уро́к 18

Доро́жное происше́ствие

Уро́к 18

1

– Здра́вствуй, Же́ня! Ты, я слы́шал, был в Герма́нии?
– Да, я был там це́лый ме́сяц.
– И что тебе́ бо́льше всего́ понра́вилось?
– Оди́н о́чень интере́сный музе́й в Мю́нхене, в кото́рый мы ходи́ли в после́дний день. Я в жи́зни не ви́дел ничего́ интере́снее! Там мо́жно уви́деть са́мые но́вые и са́мые ста́рые автомоби́ли.
– А я интересу́юсь самолётами.
– Я и самолёты там ви́дел. За́втра я расска́жу тебе́ об э́том бо́лее подро́бно.

Steigerung des Adjektivs
Э́та кни́га **интере́сная**. Возьми́ э́ту кни́гу, она́ **интере́снее**. Я ещё не чита́л **бо́лее интере́сной** кни́ги. Для меня́ э́то **са́мая интере́сная** кни́га.

Steigerung des Adverbs
Ви́ктор рассказа́л мне **подро́бно** о свое́й пое́здке. Пе́тя рассказа́л мне об э́той пое́здке **подро́бнее / бо́лее подро́бно**.

2

– Де́вушка, вы не ска́жете, как прое́хать к запра́вке?
– Э́то совсе́м бли́зко: пое́дете пря́мо до пе́рвого светофо́ра и напра́во. Э́то приблизи́тельно два киломе́тра.
– А бли́же нет? У меня́ бензи́на ма́ло.
– Здесь есть ещё одна́ запра́вка, но она́ далеко́. Намно́го да́льше.
– Ну что́ ж, наде́юсь, на два киломе́тра у меня́ бензи́на хва́тит. До свида́ния.

Merken Sie sich:			
по́здно	по́зже		
ра́но	ра́ньше		
хорошо́	лу́чше	хоро́ший	лу́чше
пло́хо	ху́же	плохо́й	ху́же
ма́ло	ме́ньше	ма́ленький	ме́ньше
мно́го	бо́льше	большо́й	бо́льше
далеко́	да́льше		
бли́зко	бли́же		

Übung 1

Bilden Sie Sätze mit Komparativ und Superlativ über Ihr Haus oder Ihre Wohnung. Verwenden Sie die unten angegebenen Wörter.

краси́вый	большо́й	ма́ленький	прекра́сный	хоро́ший	но́вый

Beispiel:
В мое́й кварти́ре больша́я спа́льня, а гости́ная – ещё бо́льше.
Са́мая ма́ленькая ко́мната – де́тская.…

3

Во дворé он никогó не встрéтил.

– Антóн, ты не вúдел сегóдня Андрéя?
– Вúдел. А что?
– Он был вчерá у меня́ и взял по ошúбке мой ключú от машúны и от квартúры.
– Я об э́том ничегó не знáю.

– Ты не встрéтил во дворé моúх детéй?
– Во дворé я никогó не встрéтил.

– Ты éхал со скóростью 150 киломéтров в час.
– Я никогдá не éзжу так бы́стро.

– Ты сегóдня вúдел Олéга в инститýте úли в библиотéке?
– Сегóдня я егó нигдé не вúдел.

4

– Аллó, поликлúника? Мóжно поговорúть с врачóм Рýдневой? У меня́ заболéл сын, у негó температýра.
– К сожалéнию, её ужé нет. На э́той недéле онá рабóтает с восьмú до двух.
– А я дýмала, онá рабóтает пóсле обéда. Что же мне тепéрь дéлать?
– Не волнýйтесь, у нас есть дежýрный врач, котóрый рабóтает до вéчера. Он придёт к вам. Ждúте.

	когдá?
на	э́той недéле
в	э́том мéсяце
в	э́том годý

Übung 2

Schauen Sie sich den Kalender an. Erzählen Sie:

a) Что дóлжен сдéлать дóктор Кузнецóв в мáрте?
b) Что бýдете дéлать вы в мáрте?

Verwenden Sie folgende Ausdrücke:

с двух до трёх часóв, с понедéльника до пя́тницы, с утрá до вéчера

Март

пн.	1	8 семинар врачей (8–12)	15 дежур. в полик.	22	29
вт.	2 дежурство в полик.	9	16	23 9^{00}–11^{00} ст. тех. осм.	30 дежур. в полик.
ср.	3	10	17 15^{00}–16^{00} англ. яз.	24	31
чт.	4	11	18	25 16^{00}–18^{00} маг. „Одежда"	
пт.	5 17^{00}–19^{00} гимнаст.	12	19 17^{00}–19^{00} гимнаст.	26 17^{00}–19^{00} гимнаст.	
сб.	6 поездка за город (6–7)	13	20 19^{00}–20^{00} театр	27 поездка на пароходе (27–28)	
вс.	7	14	21	28	

5

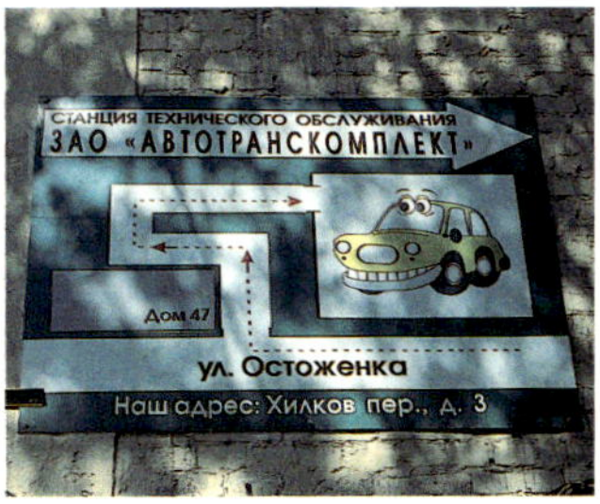

– Алло́, ста́нция техни́ческого обслу́живания? Я оста́вил у вас вчера́ свою́ маши́ну. Мо́жно мне её уже́ забра́ть?
– Ва́ша маши́на ещё в ремо́нте. Что́бы прове́рить мото́р, нам ну́жно ещё не́сколько часо́в.
– Я о́чень хоте́л бы, что́бы она́ была́ гото́ва до обе́да. Она́ мне сро́чно нужна́.
– Хорошо́, приезжа́йте в двена́дцать часо́в.

Übung 3

Wo waren Sie zuletzt einkaufen? Was haben Sie gekauft?

– Куда́ ты вчера́ ходи́ла? Почему́?
– Я ходи́ла в магази́н "Оде́жда", что́бы купи́ть пальто́.

Übung 4

Sprechen Sie mit Ihrem Kursnachbarn.
Verwenden Sie die angeführten Wortverbindungen.

показа́ть колле́кцию → Алекса́ндр, я хочу́, что́бы ты показа́л мне свою́ колле́кцию.

дать кни́гу, рассказа́ть о путеше́ствии, пое́хать на экску́рсию, отпра́вить телегра́мму, помо́чь сестре́, написа́ть письмо́, купи́ть биле́т, прочита́ть рома́н

6

– Смотри́, каки́е у́мные соба́ки! На велосипе́дах е́здят!
– А зна́ешь, чёрная соба́ка умне́е, чем бе́лая.
– Почему́ ты ду́маешь, что чёрная умне́е бе́лой?
– Потому́ что она́ ещё и счита́ть уме́ет. Я уже́ ви́дел э́то представле́ние.

Übung 5

Schauen Sie sich das Bild an und vergleichen Sie die Hunde. Verwenden Sie die Adjektive *краси́вый, большо́й, си́льный, у́мный.*

Слу́чай в доро́ге

Влади́мир Семёнович Пло́тников рабо́тает в больни́це. Он врач. Неда́вно он купи́л но́вый автомоби́ль и тепе́рь е́здит на нём на рабо́ту. По доро́ге на рабо́ту он отво́зит свои́х дете́й в шко́лу. Сего́дня Влади́мир Семёнович вы́ехал из до́ма по́здно и е́дет быстре́е, чем обы́чно. У́тром на доро́гах всегда́ мно́го тра́нспорта. Его́ до́чери Ле́на и Мари́на повторя́ют англи́йские слова́, кото́рые учи́ли вчера́. Ле́на зна́ет англи́йский язы́к лу́чше Мари́ны. Влади́мир Семёнович ду́мает о том, что он сам никогда́ не́ был в А́нглии и что непло́хо бы́ло бы де́тям пое́хать в э́ту страну́.

– Смотри́, па́па. Ава́рия, – говори́т Ле́на.
Влади́мир Семёнович ви́дит на доро́ге две маши́ны и о́коло них мно́го люде́й. В стороне́ сиди́т молодо́й челове́к. Он о́чень бле́ден.
– Наве́рное, э́то води́тель маши́ны, – поду́мал Влади́мир Семёнович и поспеши́л к нему́.
– Вам нужна́ по́мощь? Я врач, – говори́т он.
– Спаси́бо. Но, по-мо́ему, я слы́шу ско́рую по́мощь. Помоги́те лу́чше мои́м друзья́м, кото́рые сидя́т вон в той маши́не. Им сейча́с бо́льше, чем мне, нужна́ по́мощь.
Врач спеши́т к маши́не и ви́дит па́рня и де́вушку.
– Наш друг серьёзно пострада́л?– спра́шивают они́.
– Я ду́маю, ничего́ стра́шного. Могло́ быть ху́же. А что у вас случи́лось? – спра́шивает врач. Вы, я ви́жу, це́лы и невреди́мы.
– Да. На́ша маши́на не попа́ла в ава́рию. Но у нас всё же есть пробле́ма. Мы о́чень спеши́м, так как че́рез полчаса́ у нас регистра́ция бра́ка. Э́тот молодо́й челове́к, кото́рому ока́зывают по́мощь, наш свиде́тель.
– Чем же я могу́ вам помо́чь? – говори́т Влади́мир Семёнович.
– Бу́дьте на́шим свиде́телем!
– Так вы хоти́те, что́бы я с ва́ми пое́хал?
– Да, пожа́луйста. Э́то совсе́м недалеко́.
– Что же де́лать? – ду́мает Влади́мир Семёнович. – Ведь мои́ де́ти опозда́ют в шко́лу, а я на рабо́ту.
„Ах, все когда́-нибудь опа́здывают в шко́лу и на рабо́ту, – поду́мал он. – Но в но́вую жизнь опа́здывать нельзя́.“
– Ну что ж, я не про́тив. Пое́хали! – говори́т он.

Übung 6

Übersetzen Sie die Fragen, und lassen Sie einen anderen Kursteilnehmer die Antwort geben.

1. Wo arbeitet Wladimir Semjonowitsch?
2. Womit fährt er zur Arbeit?
3. Woran denkt er auf dem Weg zur Arbeit?
4. Was sieht Lena auf der Straße?
5. Was sagt Wladimir Semjonowitsch zu dem jungen Mann?
6. Was antwortet der junge Mann?
7. Was für ein Problem haben die jungen Leute?
8. Wie kann Wladimir Semjonowitsch ihnen helfen?
9. Warum hilft Wladimir Semjonowitsch den jungen Leuten?

Übung 7

a) Erzählen Sie, was Wladimir Semjonowitsch widerfahren ist!

b) Haben Sie schon eine ähnliche Situation erlebt? Erzählen Sie!

» *Ти́ше е́дешь – да́льше бу́дешь* «

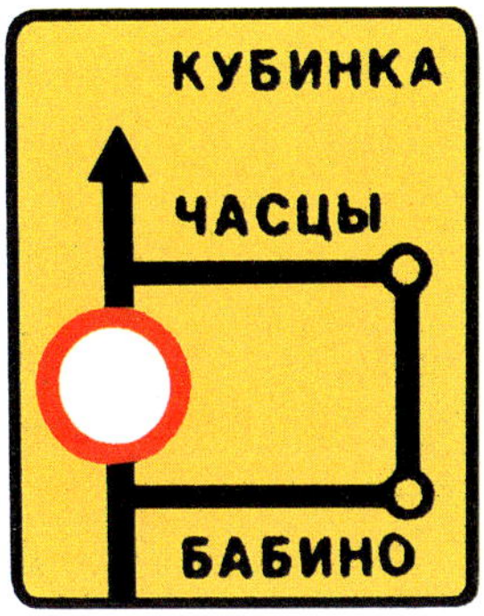

Mit dem Auto durch Russland

Schon ein erster Blick auf die Landkarte zeigt, über welch große Fläche sich Russland erstreckt. Immer mehr Touristen wollen das weite Land erkunden und Kontakte zur Bevölkerung knüpfen.

Mit dem Auto ist solch eine Reise zwar nicht am bequemsten, jedoch vielseitig und interessant zu gestalten. Man ist flexibel, kann Städte nach eigener Wahl besuchen und die Länge des jeweiligen Aufenthaltes individuell bestimmen. Das war nicht immer so: Früher musste man eine innerhalb eines vorgegebenen Straßenplanes einmal festgelegte und genehmigte Route strikt einhalten, sonst war die Reise vielleicht schneller zu Ende als gedacht!

Doch bevor man sich für einen Autourlaub entscheidet, sollte man sich darüber im klaren sein, dass man auf einige gewohnte Annehmlichkeiten verzichten muss: Der Bau von *Autobahnen* steht in Russland erst am Anfang, Straßenmarkierungen und ausreichende Beschilderung gibt es bislang nur in den großen Städten. Die Verkehrsregeln und die meisten *Verkehrszeichen* sind allerdings international verständlich und unterscheiden sich kaum von den unsrigen.

автомагистра́ли

доро́жные зна́ки

Pannen sollten besser nicht auftreten, denn Automobilclubs und ihre speziellen Pannenhilfsdienste kennt man in Russland nicht. Reparaturen an ausländischen Fahrzeugen können nur in einigen Großstädten durchgeführt werden. Auch Autoverleiher wird man vergeblich suchen.

Sollten trotz guter Vorbereitungen Probleme während einer Autoreise durch Russland auftreten, wendet man sich am besten an die Verkehrspolizei.

Уро́к 19

Же́нский вопро́с

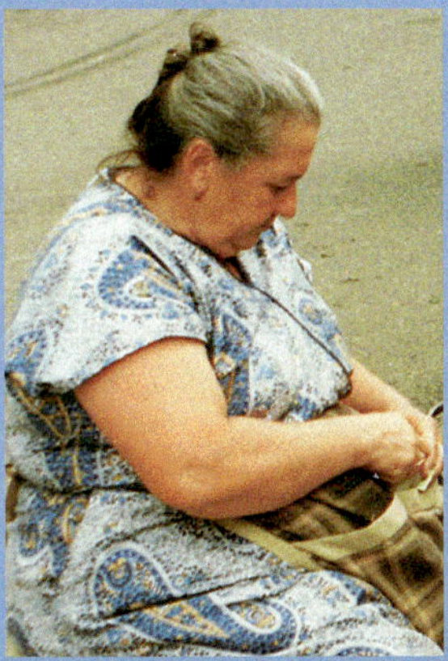

1

– Ле́на, вы переда́ли э́тот факс на́шему гла́вному инжене́ру?
– Нет. Влади́мир Ива́нович сего́дня немно́го опозда́л.
– Почему́?
– Он сказа́л, что отводи́л сы́на в де́тский сад.
– Узна́йте, звони́л ли он на́шим партнёрам в Герма́нию.
  И пусть по́сле обе́да зайдёт ко мне́.

Direkte Rede	Влади́мир Ива́нович сказа́л: „Я отводи́л сы́на в де́тский сад". Лена спроси́ла гла́вного инжене́ра: „Вы звони́ли в Герма́нию?"
Indirekte Rede	Влади́мир Ива́нович сказа́л Ле́не, что отводи́л сы́на в де́тский сад. Дире́ктор спроси́л гла́вного инжене́ра, звони́л ли он в Герма́нию.

Übung 1

Formen Sie die direkte Rede in die indirekte um!

1. Секрета́рь сказа́л дире́ктору: „Он сего́дня опозда́л на рабо́ту".
2. Секрета́рь сказа́л инжене́ру: „Вам на́до зайти́ к дире́ктору".
3. Мой брат сказа́л мне: „Вчера́ я был в гостя́х у О́льги".
4. Я сказа́ла моему́ дру́гу: „Тебе́ на́до обяза́тельно прочита́ть э́ту кни́гу".
5. Дире́ктор спроси́л инжене́ра: „Вы звони́ли в Герма́нию?"
6. Дире́ктор спроси́л секретаря́: „Влади́мир Ива́нович прочита́л факс?"
7. Оте́ц спроси́л сы́на: „Ты был вчера́ в шко́ле?"
8. Я спроси́ла подру́гу: „Ты мо́жешь купи́ть биле́ты в теа́тр?"

2

– Здра́вствуйте, Пётр Ильи́ч!
– Здра́вствуйте, Влади́мир Ива́нович. Вот како́е де́ло: за́втра приезжа́ют на́ши партнёры из Герма́нии. В суббо́ту я их веду́ в теа́тр. Не могли́ бы вы в воскресе́нье пригласи́ть их к себе́ домо́й? Пока́жете, как вы живёте, расска́жете о себе́, о свое́й семье́. Угости́те пирога́ми. Жена́ у вас великоле́пная хозя́йка. Им обяза́тельно понра́вится!
– Да... Но моя́ жена́ тепе́рь рабо́тает и у неё нет вре́мени, что́бы печь пироги́.
– Вот как... Ну, ничего́. При на́шей столо́вой есть кулинари́я. Там мо́жно купи́ть полуфабрика́ты, гото́вые блю́да и да́же пироги́. Попроси́те, что́бы они́ вам что-нибу́дь пригото́вили для тако́го слу́чая. Ну, как? Договори́лись?
– Хорошо́.

Reflexives Personalpronomen себя́	
Nom.	
Gen.	Э́ту кни́гу я купи́ла для себя́.
Dat.	Он пригласи́л к себе́ госте́й.
Akk.	Я не ви́жу себя́ на э́той фотогра́фии.
Instr.	Мы е́дем на мо́ре и берём с собо́й дете́й.
Präp.	Влади́мир Ива́нович, расскажи́те на́шим гостя́м о себе́!

3

– Господи́н Ивано́в, мне ка́жется, на ва́шем предприя́тии ра́ньше бы́ло бо́льше же́нщин.
– Да, госпожа́ Ма́йер, э́то так. В после́дние го́ды в стране́ появи́лась безрабо́тица. А коли́чество рабо́тающих же́нщин сократи́лось. Мно́гие же́нщины, име́ющие ма́леньких дете́й, сидя́т до́ма.
– Ах, господи́н Ивано́в. Я не ду́маю, что они́ там сидя́т. Я ду́маю, что до́ма они́ мно́го рабо́тают.

Partizip Präsens Aktiv	
рабо́тать	рабо́та-ющ-ий
кури́ть	кур-я́щ-ий

Übung 2

Formen Sie die folgenden strittigen Urteile nach dem angegebenen Modell um. Sagen Sie anschließend, ob Sie mit dem jeweiligen Urteil einverstanden sind.

Beispiel: Рабо́тающие же́нщины ма́ло чита́ют, потому́ что у них нет вре́мени.

1. Куря́щие же́нщины всегда́ стро́йные (schlank)
2. Пью́щие мужчи́ны – плохи́е мужья́.

Реце́пт сча́стья

Даниэ́ла Ма́йер и Ра́йнер Ва́льтер прие́хали в Росси́ю в командиро́вку. Сего́дня они́ в гостя́х у Влади́мира Ива́новича Чистяко́ва. Влади́мир Ива́нович рабо́тает на заво́де, он гла́вный инжене́р. Его́ жена́, Ири́на Серге́евна, рабо́тает в лаборато́рии при заво́де. У них два сы́на. Оди́н хо́дит в шко́лу, друго́й – в де́тский сад. Как и мно́гие други́е рабо́тающие же́нщины, Ири́на о́чень устаёт. Она́ расска́зывает Даниэ́ле о себе́, о свое́й семье, о положе́нии же́нщин в Росси́и.

Даниэ́ла – фемини́стка. Она́ – за равнопра́вие же́нщин, за их сча́стье. Ей нра́вится семья́ Чистяко́вых. Она́ говори́т своему́ колле́ге, что Ири́на – совреме́нная же́нщина.

– Же́нщины в Росси́и получи́ли ещё при социали́зме ра́вные права́ с мужчи́нами, и э́то великоле́пно! Эмансипа́ция же́нщин – э́то их освобожде́ние и большо́е сча́стье! Тепе́рь же́нщина то́же мо́жет сде́лать карье́ру!

Одна́ко Ири́на ду́мает ина́че. Она́ говори́т, что эмансипа́ция сде́лала жизнь же́нщин трудне́е.

– После рабо́ты же́нщина прихо́дит домо́й и у неё начина́ется еще оди́н рабо́чий день: ведь дома́шним хозя́йством в Росси́и обы́чно занима́ются же́нщины.
– А Влади́мир? Ра́зве он не помога́ет?
– Помога́ет. Хорошо́, что у меня́ непью́щий и некуря́щий муж. Он де́лает поку́пки и отво́дит сы́на в де́тский сад. Но до́ма так мно́го рабо́ты!
– Ну, тогда́, наве́рное, ну́жно оста́вить рабо́ту, стать домохозя́йкой и занима́ться до́мом, му́жем и детьми́.
– Если бы мой муж мно́го зараба́тывал, я бы с удово́льствием не́сколько лет не рабо́тала. У меня́ бы́ло бы бо́льше вре́мени для дете́й. Я заняла́сь бы собо́й, свое́й вне́шностью, свои́м здоро́вьем.
– И вы уве́рены, Ири́на, что в э́том бу́дет ва́ше сча́стье?
– Мне ка́жется, да. Но реце́пта сча́стья не зна́ет никто́.

А вы зна́ете?

Übung 3

Sagen Sie, ob die nachstehenden Behauptungen stimmen.
Korrigieren Sie sie gegebenenfalls.

1. Даниéла Мáйер приéхала к Чистякóвым в гóсти.
2. Ири́на рабóтает в кулинари́и при столóвой.
4. Ири́на расскáзывает Даниéле о своём мýже.
5. Ири́на говори́т, что эмансипáция жéнщин – э́то большóе счáстье.
6. Ири́на – совремéнная жéнщина и хóчет сдéлать карьéру.

Übung 4

Schildern Sie die Probleme einer modernen russischen Frau.

Übung 5

Welche Probleme haben Frauen in ihrem Land?
Hat man durch die Emanzipierung der Frauen das angestrebte Ziel erreicht oder verfehlt? Diskutieren Sie auf Russisch!

» ***Человéк – кузнéц своегó счáстья*** «

Frauentag in Russland

Wenn man den Müttern das Beste wünscht und Geschenke macht, denkt man in Deutschland an den Muttertag im Mai und in Russland an den *internationalen Frauentag am 8. März*. An diesem Tag bekommen in Russland Frauen und Mädchen Blumen und andere Geschenke. Man lobt ihre Leistungen in Familie und Beruf und weist unermüdlich auf die Bedeutung hin, die der Frau in der gegenwärtigen Gesellschaft zukommt.

международный жéнский день 8-óго мáрта

Dieser Feiertag ist im Rahmen der internationalen sozialistischen Frauenbewegung auf Anregung von Klara Zetkin entstanden. Erstmalig wurde er 1911 in Deutschland, der Schweiz und Dänemark gefeiert. In Russland wurde der internationale Frauentag zum ersten Mal 1913 in Petersburg begangen. In der ehemaligen Sowjetunion stand dieser Feiertag im Zeichen des Sozialismus, der *sozialen Befreiung* der Frau und ihrer *Gleichberechtigung.* Und obwohl in den Medien während dieses Feiertages der Schwerpunkt bei den sozialberuflichen Leistungen der Frauen lag, feierte man die Frauen im Familienkreis als Mütter, Ehefrauen, Geliebte. Das war ein Feiertag für alle Mädchen und Frauen, dem gründliche Vorbereitungen vorausgingen. Im Kindergarten bastelten die Kinder etwas Schönes für ihre Mütter, in den Schulen besorgten die Jungen kleine Geschenke, um den Mädchen aus ihrer Klasse gratulieren zu können. Junge und ältere Frauen bekamen von ihren Freunden, Arbeitskollegen und Ehemännern Blumen.

социáльное освобождéние
равноправие

Diesen Kern hat der Frauentag auch nach den turbulenten Ereignissen der neunziger Jahre behalten. Der 8. März bleibt in Russland auch im 21. Jahrhundert weiterhin ein *arbeitsfreier Tag*, an dem die Männer den Frauen besonders viel Liebe und Respekt entgegenbringen sollten.

нерабóчий день

Уро́к 20

Сре́дства ма́ссовой информа́ции

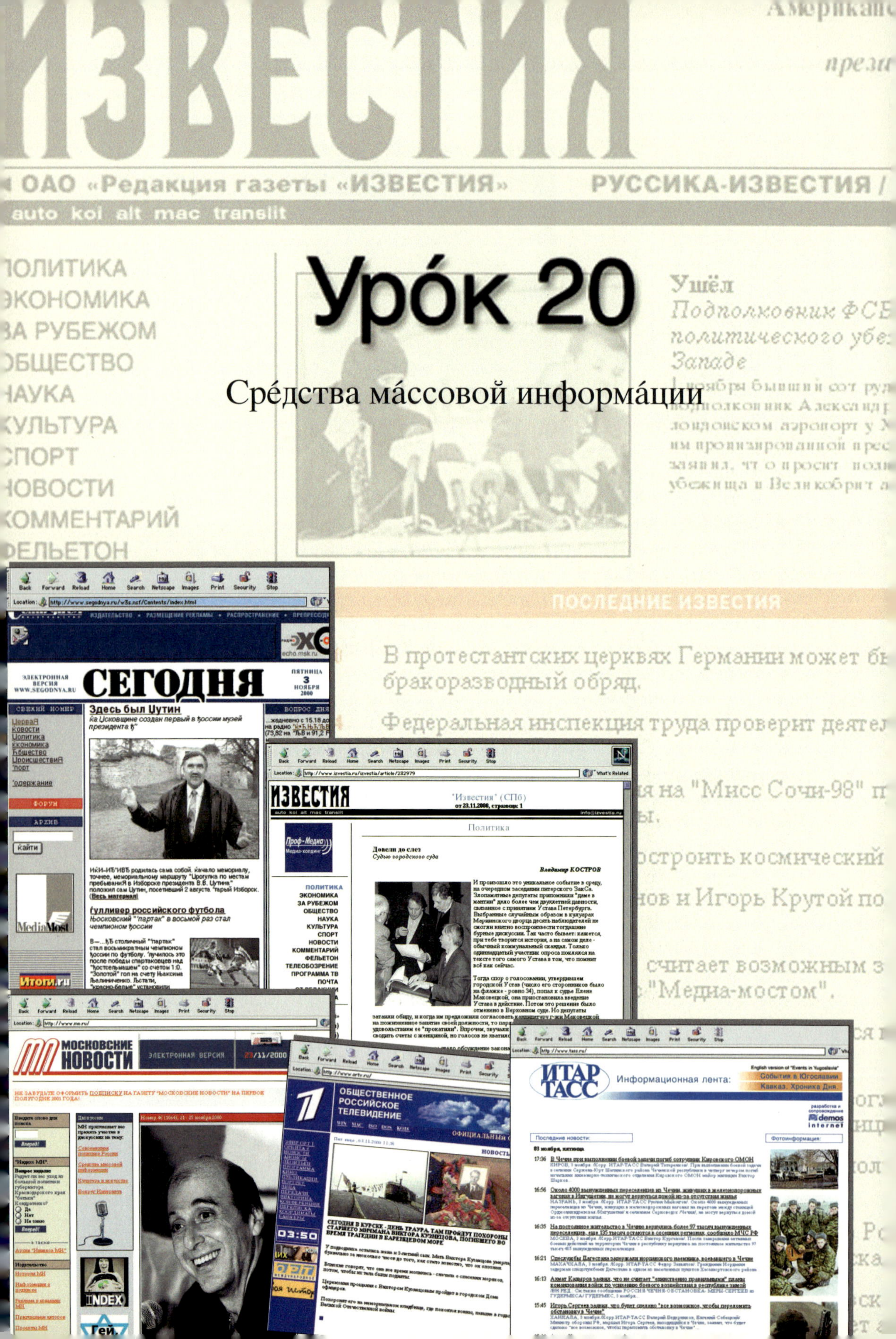

Уро́к 20

1

– Ми́ша, ты прочита́л э́ту газе́ту? Тогда́ положи́ её, пожа́луйста, на ту по́лку. Там лежа́т прочи́танные газе́ты… А вы с Андре́ем уже́ реши́ли, каку́ю газе́ту вам вы́писать на сле́дующий год?
– Не ну́жно ничего́ для нас выпи́сывать. Мы бу́дем чита́ть газе́ты че́рез Интерне́т.
– Но как же без газе́ты? Мы всегда́ что́-нибудь выпи́сывали!
– Ма́ма, э́то уже́ решённый вопро́с. А для себя́ мо́жешь вы́писать како́й-нибу́дь журна́л.

Demonstrativpronomen тот *(jener)*	
тот журна́л	те журна́лы
та газе́та	газе́ты
то письмо́	пи́сьма

Partizip Präteritum Passiv	
прочита́ть	прочи́т-анн-ый
реши́ть	реш-ённ-ый

2

– Ми́ша, у тебя́ включён компью́тер?
– Да.
– А ты прове́рил электро́нную по́чту?
– Да, всё прове́рено.
– Мне есть сообще́ния?
– Есть одно́. Вот э́то непрочи́танное – для тебя́.

Partizip Präteritum Passiv / Lang- und Kurzform		
включи́ть	включённый	включён
прове́рить	прове́ренный	прове́рен

Übung 1

Nennen Sie das Ergebnis der Handlung!

Beispiel: Я включи́л телеви́зор. – Телеви́зир включён.

1. Я прочитал газе́ту.
2. Мы реши́ли э́тот вопро́с.
3. Они́ сде́лали э́ту рабо́ту.
4. Неме́цко-ру́сский слова́рь я уже́ продала́.
5. Дом вы уже́ постро́или?

3

– Ты опя́ть чита́ешь газе́ту во вре́мя за́втрака! Э́то о́чень вре́дно для здоро́вья!
– Но, дорога́я, чита́я и за́втракая одновреме́нно, я эконо́млю вре́мя.
– Э́то плохо́й приме́р для дете́й! Гля́дя на отца́, они́ то́же бу́дут чита́ть во вре́мя еды́.
– Не волну́йся. Совреме́нная молодёжь ни газе́т, ни книг не чита́ет. Они́ с утра́ до ве́чера сидя́т за компью́тером.

Adverbialpartizipien der Gleichzeitigkeit	
чита́ть	чита́-**я**
за́втракать	за́втрака-**я**
гляде́ть	гля́д-**я**

Übung 2

Finden Sie verschiedene Übersetzungsmöglichkeiten!

1. Он за́втракает, чита́я газе́ту. 2. Слу́шая му́зыку, мой сын де́лает уро́ки. 3. Разгова́ривая по телефо́ну, он собира́ет чемода́н. 4. Слу́шая ра́дио, она́ пи́шет письмо́ своему́ му́жу.5. Рабо́тая учи́телем, мо́жно име́ть мно́го свобо́дного вре́мени. 6. Лёжа на дива́не, он весь ве́чер смотре́л телеви́зор.

4

–Здра́вствуйте, мы с телеви́дения. Разреши́те взять у вас интервью́?
–Пожа́луйста.
–Вы ча́сто смо́трите телеви́зор?
–Ка́ждый день.
–О, зна́чит, вы хорошо́ зна́ете все програ́ммы!
–Да нет, я хорошо́ зна́ю то́лько не́которые програ́ммы. Наприме́р, информацио́нные програ́ммы. Ве́чером, верну́вшись домо́й с рабо́ты, всегда́ включа́ю телеви́зор и смотрю́ но́вости.
– А детекти́вы вы лю́бите смотре́ть?
– Иногда́. Обы́чно, посмотре́в нача́ло, я уже́ зна́ю коне́ц.
– Кака́я же програ́мма новосте́й вам бо́льше всего́ нра́вится?
– Та, где хоро́шие но́вости.

Adverbialpartizipien der Vorzeitigkeit	
посмотре́ть	посмотре́-**в**
прочита́ть	прочита́-**в**
верну́ться	верну́-вши-**сь**

Übung 3

Formen Sie die Sätze in folgender Weise um:

Прочита́в газе́ту, я включи́л телеви́зор. → Я прочита́л газе́ту, а пото́м включи́л телеви́зор.

1. Поговори́в с дру́гом, мы пошли́ гуля́ть. 2. Верну́вшись домо́й, я на́чал гото́вить у́жин. 3. Пообе́дав, мой оте́ц на́чал чита́ть газе́ту. 4. Поза́втракав, Андре́й пошёл в шко́лу. 5. Поу́жинав, мы пое́хали в теа́тр.

5

– Ната́ша, позвони́те, пожа́луйста, а́втору э́того объявле́ния и скажи́те, что́бы его́ оплати́ли.
– А объявле́ние уже́ опублико́вано?
– Да, вчера́, на после́дней страни́це. Вот оно́: „Молода́я же́нщина (34 го́да, рост 170, вес 70), образо́ванная, эмансипи́рованная, интересу́ющаяся му́зыкой, хо́чет познако́миться с некуря́щим и непью́щим мужчи́ной в во́зрасте 40-50 лет."
– Но здесь нет ни а́дреса, ни телефо́на.
– Телефо́н и а́дрес в реда́кции. Вот, пожа́луйста.

Übung 4

Tragen Sie die Eigenschaften Ihres Wunschpartners zusammen.

молодо́й – немолодо́й

пью́щий – непью́щий

образо́ванный – не о́чень образо́ванный

куря́щий – некуря́щий

интересу́ющийся: свое́й рабо́той, дома́шним хозя́йством, поли́тикой, му́зыкой, телеви́дением, теа́тром

высо́кий – невысо́кий

занима́ющийся спо́ртом – не занима́ющийся спо́ртом

име́ющий дете́й – не име́ющий дете́й

Haben Sie schon jemanden mit solchen Eigenschaften kennengelernt?

Übung 5

Formulieren Sie auf Russisch:

1. Im Hof waren weder Eltern noch Kinder.
2. Auf dem Tisch gab es weder Wurst noch Käse.
3. Ich habe weder Zeitungen noch Bücher mitgenommen.
4. Im Hotel hatten wir weder Fernseher noch Radio.
5. Mir gefällt weder das erste noch das zweite Programm.
6. Weder er noch ich haben diese Annonce gelesen.

weder – noch
нет **ни** а́дреса, **ни** телефо́на

О чём пи́шут газе́ты?

Га́би и Макс Ри́дель уже́ неде́лю в Москве́. Ка́ждый день они́ узна́ют мно́го интере́сного и лишь ве́чером возвраща́ются в гости́ницу. Но сего́дня они́ пришли́ ра́ньше. Верну́вшись в гости́ницу и оста́вив в но́мере фотоаппара́т, Макс Ри́дель сра́зу пошёл за газе́тами. Но в газе́тном кио́ске о́коло гости́ницы неме́цких газе́т уже́ не́ было. Макс прочита́л объявле́ние: „Газе́ты про́даны“. Ничего́ не поде́лаешь. Макс Ри́дель вы́шел из гости́ницы и пошёл по у́лице, пыта́ясь найти́ кио́ск с ру́сскими газе́тами. Его́ до́лго не́ было, но, нако́нец, он верну́лся, держа́ в рука́х каку́ю-то газе́ту. Ви́дно бы́ло, что он о́чень торопи́лся, и э́то поня́тно. Ведь сего́дня по телеви́зору бу́дут пока́зывать футбо́льный матч „Герма́ния – Росси́я“. Но когда́? По како́й програ́мме? Э́то мо́жно узна́ть то́лько из газе́ты! Програ́мма телеви́дения опублико́вана в ка́ждой газе́те и пробле́ма уже́ почти́ решена́. Оста́лось немно́го – прочита́ть ру́сскую газе́ту. Но как э́то сде́лать? Макс Ри́дель не́сколько лет наза́д учи́л ру́сский язы́к в наро́дном университе́те. Но они́ там ни книг, ни газе́т не чита́ли. Учи́ли грамма́тику и слова́. Как же найти́ програ́мму?

Га́би Ри́дель сиди́т ти́хо и стара́ется не меша́ть. Макс сказа́л, что за́нят ва́жным де́лом. Как хорошо́, что пришёл их ру́сский знако́мый И́горь. Мо́жет быть, он помо́жет Ма́ксу?

– И́горь, – говори́т Макс Ри́дель. – Помоги́, пожа́луйста, найти́ то, что мне ну́жно.

И́горь берёт газе́ту и вдруг смеётся.

– Э́то о́чень тру́дно, Макс. И я не зна́ю, что тебе́ ну́жно.

Макс возмущён: – Он ничего́ не зна́ет! Неуже́ли ты ничего́ не по́мнишь? Мы же вме́сте хоте́ли смотре́ть футбо́л!

– Пра́вильно, Макс. Но э́то – газе́та бра́чных объявле́ний.

Übung 6

Beantworten Sie die Fragen auf Russisch!

1. Was hatte Max Riedel gemacht, ehe er Zeitungen holen ging?
2. Warum sah er sich um, als er die Straße entlang ging?
3. Warum war für Max Riedel die Zeitung an diesem Abend so wichtig?
4. Wie hat Max Riedel vor ein paar Jahren Russisch gelernt?
5. Warum lacht Igor?
6. Warum ist Max empört?

Übung 7

Sehen Sie oft fern?
Welche Programme sehen Sie gern?

Übung 8

Welche Massenmedien sind für Sie besonders wichtig? Warum?

» ***Ни пу́ха, ни пера́!*** «

Massenmedien in Russland

Der Einblick in die Massenmedien Russlands gewährt ein buntes Bild. Früher gab es ein einheitliches und strikt gelenktes System, das die kommunistische *Ideologie* in die Massen tragen sollte. Im Zuge der Glasnost-Kampagne des früheren sowjetischen Präsidenten Gorbatschow setzten erst Anfang der 90er-Jahre, nach der Annahme eines liberalen *Pressegesetzes,* Veränderungen ein. Die Entwicklung in diesem Bereich dauert an, so dass man kein abgeschlossenes Bild abstecken kann. Immerhin kann man feststellen, dass die „Prawda" – einst die mächtigste Zeitung der KP – nicht mehr die Presselandschaft prägt. Sie und ein paar andere kommunistisch orientierte Blätter wurden von den Zeitungen in den Hintergrund gedrängt, deren demokratische, ausgewogene Einstellung ihnen mehr Leser eingebracht hat. Das sind z.B. die Tageszeitung „Iswestija", die Wochenzeitung „Moskowskije Nowosti", die Zeitung der russischen *Intellektuellen* „Obschtschaja Gaseta". Diesen großen Zeitungen stehen am anderen Ende des politischen Spektrums extremistisch-nationalistische Blätter gegenüber, für die eine antiwestliche und ausländerfeindliche Haltung kennzeichnend ist.

Das Fernsehen, das einst in der ganzen Sowjetunion seine Programme ausstrahlte, hat sich auch gewandelt. Die TV-Sender „ОРТ (Обще́ственное росси́йское телеви́дение)" und „РТР (Росси́йская телерадиокомпа́ния)" haben wohl den größten Zuschauerkreis, weil sie in ganz Russland und in vielen ehemaligen Teilrepubliken der Sowjetunion empfangen werden, obwohl dort inzwischen auch eigene Sender einige TV-Kanäle voll belegen. Die oben genannten Sender werden von der *russischsprachigen Bevölkerung* dieser Republiken bevorzugt, weil nationale Sender ihre Programme in der einheimischen Sprache gestalten. Aber auch Einheimische sehen diese Sender gern, um die Berichterstattung aus Moskau und vor Ort vergleichen zu können.

In größeren Städten wie Moskau oder Petersburg gibt es *lokale Radio- und TV-Sender* sowie lokale Zeitungen. Die Medienlandschaft in Russland wächst und vervielfältigt sich.

идеоло́гия

Зако́н о печа́ти

интеллиге́нция

русскоязы́чное населе́ние

ме́стные ра́дио- и те́лестанции

Уро́к 1

а	und, aber
алло́	hallo
ва́за	Vase
вы	ihr; Sie
газе́та	Zeitung
Где?	Wo?
гео́лог	Geologe
господи́н	Herr…
госпожа́	Frau…
да	ja
Дава́йте познако́мимся!	Machen wir uns (miteinander) bekannt!
доска́	Tafel
журна́л	Zeitschrift
журнали́ст	Journalist
здесь	hier
Здра́вствуй/те!	Guten Tag! (als Begrüßungsformel, unabhängig von der Tageszeit)
и	und
Извини́те.	Entschuldigen Sie!
и́ли	oder
инжене́р	Ingenieur
капита́н	Kapitän
каранда́ш	Bleistift
ка́рта	Karte, Landkarte
кни́га	Buch
Кто?	Wer?
ла́мпа	Lampe
меня́ зову́т…	ich heiße…
музыка́нт	Musiker
мы	wir
не	nicht
не́мец	Deutscher
не́мка	(eine) Deutsche
нет	nein; nicht
окно́	Fenster
он	er
она́	sie
оно́	es
они́	sie *Pl.*
о́чень	sehr
письмо́	Brief
пожа́луйста	bitte
Познако́мьтесь, пожа́луйста!	Machen Sie sich bitte miteinander bekannt!
преподава́тель *m*	Lehrer (f. Erwachsene)
прия́тно	angenehm
ро́за	Rose
ру́сский, ру́сская, ру́сские	Russe, Russin, Russen

ру́чка	Füller, Füllfederhalter
с удово́льствием	mit Vergnügen, gerne
секрета́рь *m*	Sekretär, Sekretärin
стол	Tisch
студе́нт	Student
студе́нтка	Studentin
стул	Stuhl
стюарде́сса	Stewardess
там	dort
ты	du
уро́к	Lektion, (Unterrichts)stunde
Что?	Was?
шофёр	Chauffeur
э́то	das
я	ich

Уро́к 2

ба́бушка	Großmutter
брат	Bruder
внук	Enkel
вну́чка	Enkelin
говори́ть, -ю́, -и́шь, …, -я́т	sprechen, sagen
де́душка *m*	Großvater
де́лать, -ю, -ешь, …, -ют	machen, tun
дочь	Tochter
дя́дя *m*	Onkel
жена́	(Ehe-)Frau
как	wie
ку́рица	Huhn
ла́па	Pfote, Tatze
люби́ть, люблю́, лю́бишь, …, лю́бят	lieben, mögen, gern haben
мать	Mutter
мо́ре	Meer
муж	(Ehe-)Mann
не́бо	Himmel
отдыха́ть, -ю, -ешь, …, -ют	erholen, ausruhen
оте́ц	Vater
писа́ть, пишу́, пи́шешь, …, пи́шут	schreiben
пло́хо	schlecht
по-неме́цки	auf Deutsch
по-ру́сски	auf Russisch
рисова́ть, рису́ю, рису́ешь, …, рису́ют	malen
сейча́с	jetzt
семья́	Familie
сестра́	Schwester
смотре́ть, смотрю́, смо́тришь, …, смо́трят	schauen, sehen

сын	Sohn
телеви́зор	Fernseher
тётя	Tante
то́же	auch
хорошо́	gut, schön
чита́ть, -ю, -ешь, …, -ют	lesen
Что вам уго́дно?	Was wünschen Sie?

Уро́к 3

альбо́м	Album
балко́н	Balkon
в	in
ва́нная	Badezimmer
ваш, ва́ша, ва́ше	euer, eure, euer; Ihr, Ihre, Ihr, *Possessivpron. zu вы*
вот	hier, da
гости́ная	Wohnzimmer
гуля́ть, -ю, -ешь, …, -ют	spazieren(gehen)
два	zwei
день	Tag
дива́н	Sofa, Couch
До́брый день!	Guten Tag!
дом	Haus
его́	sein(e), *Possessivpron. zu он*
её	ihr(e), *Possessivpron. zu она́*
же	denn
жить, живу́, живёшь, …, живу́т	leben, wohnen
знать, -ю, -ешь, …, -ют	wissen, kennen
их	ihr(e), *Possessivpron. zu они́*
Как пожива́ете?	Wie geht es Ihnen?
кварти́ра	Wohnung
ко́мната	Zimmer
коридо́р	Flur, Korridor
кре́сло	Sessel
ку́хня	Küche
лежа́ть, лежу́, лежи́шь, …, лежа́т	liegen
мой, моя́, моё	mein, meine, mein, *Possessivpron. zu я*
на	auf, in
на мо́ре	am Meer
наш, на́ша, на́ше	unser, unsere, unser, *Possessivpron. zu мы*
но́мер	Nummer
оди́н	eins, ein
парк	Park
пол	(Fuß-)Boden
по́лка	Regal
рабо́та	Arbeit

рабо́тать, -ю, -ешь, …, -ют	arbeiten
разгова́ривать, -ю, -ешь, …, -ют	reden, s. unterhalten, sprechen
сего́дня	heute
сиде́ть, сижу́, сиди́шь, …, сидя́т	sitzen
смотри́!	schau! sieh!
соба́ка	Hund
сосе́д	Nachbar
спа́льня	Schlafzimmer
спаси́бо	danke
твой, твоя́, твоё	dein, deine, dein, *Possessivpron. zu ты*
туале́т	Toilette
университе́т	Universität
Чей? Чья? Чьё?	Wessen?

Уро́к 4

библиоте́ка	Bibliothek
блин	dünner flacher Pfannkuchen
бока́л	Weinglas
борщ	Borschtsch (rote Gemüsesuppe)
буфе́т	Art „Theke" in öffentlichen Einrichtungen; *hier:* Studentenimbiss
бы́стро	schnell
ве́чер	Abend
ве́чером	abends, am Abend
ви́лка	Gabel
вино́	Wein
вку́сно	schmackhaft, lecker
вме́сте	zusammen
всегда́	immer
гость	Gast
гото́в (У́жин гото́в!)	fertig (Das Abendbrot ist fertig!)
гото́вить, гото́влю, гото́вишь, …, -ят	zubereiten, kochen
де́ти *Pl.*	Kinder
днём	am Tage
до + *Gen.*	bis
еда́	Essen
есть, ем, ешь, ест, еди́м, еди́те, едя́т	essen
ждать	warten
за́втрак	Frühstück
за́втракать, -ю, -ешь, …-ют	frühstücken
зате́м	dann
Заче́м?	Wozu? Warum?
идти́, иду́, идёшь, …, иду́т	gehen
из + *Gen.*	aus
кафе́ *indekl.*	Café, Kaffeehaus
Когда́?	Wann?

Куда́?	Wohin?
лимона́д	Limonade
ло́жка	Löffel
ма́сло	Butter
молоко́	Milch
мука́	Mehl
накрыва́ть на стол	den Tisch decken
напи́ток, напи́тка *Gen. Sing.*, напи́тки *Nom.Pl.*	Getränk
нож	Messer
обе́д	Mittagessen, Hauptmahlzeit
обе́дать, -ю, -ешь, …, -ют	zu Mittag essen
обы́чно	gewöhnlich, üblicherweise
о́вощи *Pl.*	Gemüse
осо́бенно	besonders
Отку́да?	Woher?
относи́ть, отношу́, отно́сишь,…, отно́сят	wegtragen
пи́во	Bier
пить, пью, пьёшь,…, -ют	trinken
покупа́ть, -ю, -ешь, …, -ют	kaufen
по́сле + *Gen.*	nach
Почему́?	Warum?
прибо́р	Gedeck
Приве́т!	Hallo!
роди́тели *Pl.*	Eltern
ры́нок	Markt
салфе́тка	Serviette
самова́р	Samowar
саха́р	Zucker
ско́ро	bald
соль	Salz
спеши́ть, -шу́, -ши́шь,…,-ша́т	eilen; hasten
сыт, -а́, -о; -ы	satt (sein)
сюрпри́з	Überraschung
так	so, auf diese Weise
таре́лка	Teller
те́сто	Teig
то́лько	nur
тру́дно	schwer
у́жин	Abendessen
у́жинать, -ю, -ешь,…, ют	zu Abend essen
у́тро	Morgen
у́тром	am Morgen, morgens
фру́кты	Obst
хлеб	Brot
холоди́льник	Kühlschrank
хоте́ть, хочу́, хо́чешь, хо́чет, хоти́м, -и́те, -я́т	wollen

чай	Tee
ча́сто	oft
яйцо́	Ei

Уро́к 5

го́род	Stadt
гостеприи́мство	Gastfreundschaft
далеко́	weit
Добро́ пожа́ловать!	Herzlich willkommen!
до́лго	lange
за́втра	morgen
заку́ска	Vorspeisen
зна́чить	bedeuten
идти́ в го́сти	zu Besuch gehen
интере́сно	(es ist) interessant
Как пройти́ …?	Wie kommt man…?
Кого́? (Кто? *Akk.*)	Wen?
колбаса́	Wurst
мно́го	viel
на за́втрак	zum Frühstück
на обе́д	zum Mittagessen
на у́жин	zum Abendessen
нача́ло	Anfang, Beginn
начина́ть , -ю, -ешь, …, -ют	anfangen, beginnen
недалеко́	nicht weit, in der Nähe
немно́го	ein wenig, etwas
но	aber
обе́д по-ру́сски	Essen auf russische Art
пода́рок	Geschenk
понима́ть, -ю, -ешь, …, -ют	verstehen
потому́ что	weil
приве́тствовать, приве́тствую, -вуешь, …, -вуют	grüßen, begrüßen
приноси́ть, приношу́, прино́сишь, …, -о́сят	bringen
Прия́тного аппети́та!	Guten Appetit!
сала́т	Salat
стоя́ть, -ю́, -и́шь, …, -и́те	stehen
сыр	Käse
так	so, auf diese Weise
Э́то так?	Stimmt das?
тепе́рь	jetzt
у́лица	Straße
хозя́ин, хозя́йка, хозя́ева	*hier:* Hausherr
центр	Zentrum
ча́шка	Tasse
что	dass

чьи *Pl.*	wessen
Э́то что за у́лица?	Was für eine Straße ist das?

Уро́к 6

авто́бус	Bus
автомоби́ль, -я, *Gen. Sing., m*	Auto
акваре́льная кра́ска	Aquarellfarbe
анке́та	Fragebogen
архитекту́ра	Architektur
без + *Gen.*	ohne
бе́лый, -ая, -ое; -ые	weiß
брать, беру́, берёшь, …,-ёте	nehmen
в (пя́тницу)	am (Freitag)
вас	*Gen., Akk., Präp. des Personalpronomens вы*
везде́	überall
велосипе́д	Fahrrad
вода́	Wasser
вокза́л	Bahnhof
воскресе́нье	Sonntag
впервы́е	zum ersten Mal
впечатле́ние *n*	Eindruck
все	alle
вся (семья́)	ganz (die ganze Familie)
встре́ча	Begegnung
вто́рник	Dienstag
гара́ж	Garage
год	Jahr
голубо́й, -а́я, -о́е; -ы́е	hellblau
гора́	Berg
густо́й, -а́я, -о́е; -ы́е	dicht
день, дня *Gen. Sing.*, дни *Nom. Pl., m*	Tag
дере́вня	Dorf
его́ (у него́)	*Gen., Akk. des Personalpronomens он*
е́здить, е́зжу, е́здишь, …, е́здят	fahren
е́хать, е́ду, е́дешь, …, е́дут	fahren
жёлтый, -ая, -ое; -ые	gelb
загора́ть, -ю, -ешь, …, -ют	sich sonnen, ein Sonnenbad nehmen
за́ город	ins Grüne, aufs Land
зелёный, -ая, -ое; -ые	grün
интервью́ *indekl., n*	Interview
интере́сный,-ая, -ое; -ые	interessant
их (у них)	*Gen., Akk. des Personalpronomens они́*
к + *Dat.*	zu
к мо́рю	ans Meer
к сожале́нию	leider (zum Bedauern)

какóй, -áя, -óе; -и́е	welcher, was für ein
кани́кулы *Pl.*	Ferien
класс	Klasse
Когó?	*Gen., Akk. des Fragepronomens кто*
Комý?	*Dat. des Fragepronomens кто*
кори́чневый, -ая, -ое; -ые	braun
краси́вый, -ая, -ое; -ые	schön, hübsch
крáска	Farbe
крáсный, -ая, -ое; -ые	rot
кстáти	bei dieser Gelegenheit, nebenbei, apropos
купáться, -юсь, -ешься, …, -ются	baden
лес, лéса *Gen. Sing.*, лесá *Nom. Pl.*	Wald
луг, лýга *Gen. Sing.*, лугá *Nom. Pl.*	Wiese
лю́ди *Pl.*	Menschen, Leute
мáленький, -ая, -ое; -ие	klein
маши́на	Auto
меня́	*Gen., Akk. des Personalpronomens я*
мéстность *f*	Gegend, Ort, Landstrich, Gelände
мéсто, местá *Pl.*	Platz, *hier:* Gegend
мéсяц	Monat
метрó *indekl.*	Metro, U-Bahn
мост	Brücke
на (éхать на пóезде)	*hier:* mit (mit dem Zug fahren)
на (éхать на мóре)	*hier:* an (ans Meer fahren)
нас	*Gen., Akk. des Personalpronomens мы*
начинáться, …, -ется, …, -ются, *2. Pers. ungebr.*	beginnen, anfangen
недéля	Woche
ночь *f*	Nacht
обходи́ться (без), обхожýсь, обхóдишься, …, обхóдятся	auskommen können (ohne)
от + *Gen.*	von
óтпуск	Urlaub
палáтка	Zelt
пароxóд	Dampfer
петь, пою́, поёшь, …, пою́т	singen
пешкóм	zu Fuß
погóда	Wetter
пóезд, пóезда *Gen. Sing.*, поездá *Nom. Pl.*	Zug
понедéльник	Montag
похóд	Wanderung
поэ́тому	deshalb, deswegen
предпочитáть, -ю, -ешь, …, -ют	vorziehen, bevorzugen
прекрáсный, -ая, -ое; -ые	schön
прирóда	Natur
на прирóде	im Freien, draußen
проводи́ть, провожý, провóдишь, …, провóдят	verbringen (die Zeit)

провожáть, -ю, -ешь, …, -ют	begleiten
птúца	Vogel
пя́тница	Freitag
рáдио	Radio, Rundfunk
рáдоваться, рáдуюсь, рáдуешься, …, рáдуются	sich freuen
рáдостный, -ая, -ое; -ые	froh, vergnügt
рáно	früh
рекá, рéки *Nom. Pl.*	Fluss
рюкзáк	Rucksack
ря́дом	in der Nähe, nebenan
своббóдное врéмя	Freizeit
сéрый, -ая, -ое; -ые	grau
сúний, -яя, -ее; -ие	blau
собирáть, -ю, -ешь, …, -ют	packen; sammeln
средá	Mittwoch
суббóта	Samstag, Sonnabend
такóй, -ая, -ое; -ие	solche(r), so ein(e), solch ein(e)
таксú *n, indekl.*	Taxi
тебé	*Dat. des Personalpronomens ты*
тебя́	*Gen., Akk. des Personalpronomens ты*
трамвáй *m*	Straßenbahn
турúст	Tourist
у + *Gen.*	bei
у мóря	am Meer
уходúть в óтпуск	in Urlaub gehen
фамúлия *f*	Familienname
ходúть, хожý, хóдишь, …, хóдят	gehen
хорóший, -ая, -ее; -ие	gut
цвет, цвéта *Gen. Sing.*, цветá *Nom. Pl.*	Farbe
чéрез + *Akk.*	in, nach (zeitlich); über (räumlich)
чёрный, -ая, -ое; -ые	schwarz
четвéрг	Donnerstag
шкóла	Schule

Урóк 7

бесéдовать, бесéдую, -ешь, …, -ют *uv.*	sich unterhalten, ein Gespräch führen
быть	sein
взять, возьмý, возьмёшь, …, возьмýт *v.* (взять *uv.*)	nehmen
„Вишнёвый сад"	„Kirschgarten"
внизý	unten
всё	alles
вчерá	gestern
вы́расти, вы́расту, -ешь, …,-тут *v.* (растú *uv.*)	wachsen
Где ты пропадáешь /пропадáл?	Wo steckst du / hast du gesteckt?

Дава́йте у́жинать!	Wollen wir zu Abend essen!
да́же	sogar
да́ча	Datscha; Wochenendhaus
день рожде́ния	Geburtstag
дневни́к	Tagebuch
дом-музе́й	Gedenkhaus
друг, друзья́ *Nom. Pl.*	Freund
ду́мать, -ю, -ешь, …, -ют *uv.*	denken, meinen, glauben
зна́чит	also
есть (у меня́ есть, у тебя́ есть…)	es gibt (ich habe, du hast…)
ещё	noch; schon
изве́стный, -ая, -ое; -ые	bekannt
инструме́нт	Werkzeug
карти́на	Bild
кипе́ть, *1. u. 2. Pers. ungebr.* кипи́т (*3.Pers.Sg.*), кипя́т (*3.Pers.Pl.*)	kochen
коне́чно	natürlich
купи́ть, куплю́, ку́пишь, …, ку́пят. *v.* (покупа́ть *uv.*)	kaufen
ле́том	im Sommer
люби́мая пе́сня	Lieblingslied
ма́ло	wenig
мо́жно	*hier*: darf ich?
музе́й	Museum
му́зыка	Musik
наве́рное	wahrscheinlich, sicherlich
налива́ть, -ю, -ешь, …, -ют *uv.* (нали́ть *v.*)	einschenken
написа́ть, напишу́, напи́шешь, …, напи́шут *v.* (писа́ть *uv.*)	schreiben
нарисова́ть, нарису́ю, -ешь, …, -ют *v.* (рисова́ть *uv.*)	zeichnen; malen
настоя́щий, -ая, -ее; -ие	richtig, wahr, echt
неинтере́сно	uninteressant
Непра́вда!	Das ist nicht wahr!
обеща́ть, -ю, -ешь,…, -ют *uv.* (пообеща́ть *v.*)	versprechen
обяза́тельно	unbedingt
отвеча́ть, -ю, -ешь, …, -ют *uv.* (отве́тить *v.*)	antworten
пе́сня	Lied
пить чай вприку́ску	Tee trinken und dabei ab und zu von einem Zuckerwürfel abbeißen
по вечера́м	abends
пока́	*hier*: vorerst, vorläufig
подари́ть, подарю́, пода́ришь, …, -ят *v.* (дари́ть *uv.*)	schenken
подписа́ть, подпишу́, подпи́шешь, …, подпи́шут *v.* (подпи́сывать *uv.*)	unterschreiben
получи́ть, получу́, полу́чишь, …, -ат *v.* (получа́ть *uv.*)	erhalten

по́мнить, -ю, -ишь, …, -ят *uv.*	*hier*: sich erinnern
поня́ть, пойму́, -мёшь, …, -у́т *v.* (понима́ть *uv.*)	verstehen, begreifen
постро́ить, постро́ю, -о́ишь, …, -о́ят *v.* (стро́ить *uv.*)	bauen
пра́здновать, пра́здную, -ешь, …,-ют *uv.*	feiern
пригласи́ть, приглашу́, -аси́шь, …, -ася́т *v.* (приглаша́ть *uv.*)	einladen
пригото́вить, пригото́влю, -о́вишь, …, -о́вят *v.* (гото́вить *uv.)*	zubereiten, kochen
проду́кты *Nom.Pl.*	Lebensmittel
про́сто	einfach
прочита́ть, -ю, -ешь, …, -ют *v.* (чита́ть *uv.*)	(durch)lesen
раз	Mal
Ра́зве?	Wirklich? Tatsächlich?
расти́, расту́, растёшь, …, расту́т *uv.* (вы́расти *v.*)	wachsen
ре́дко	selten
рису́нок	Zeichnung; Bild
С днём рожде́ния!	Gratuliere zum Geburtstag!
сара́й	Geräteschuppen
слу́шать, -ю, -ешь, …, -ют *uv.*	hören
спра́шивать, -ю, -ешь, …, -ют *uv.* (спроси́ть *v.*)	fragen
ста́вить самова́р (поста́вить самова́р)	Wasser in den Samowar füllen, Brennholz einlegen und den Samowar anheizen
стро́ить, стро́ю, -ишь, …,-ят *uv.* (постро́ить *v.*)	bauen
тогда́	dann; damals
туда́	dorthin
фотоаппара́т	Fotoapparat
худо́жник	Maler; Künstler
худо́жница	Malerin; Künstlerin
цвето́к, цветы́ *Nom. Pl.*	Blume
экску́рсия	Ausflug; Besichtigung

Уро́к 8

блу́зка	Bluse
брать, беру́, берёшь, …, -ут *uv.* (взять *v.*)	*hier:* kaufen
брю́ки *Nom.Pl.*	Hosen
ведь	doch, ja
ви́деть, ви́жу, ви́дишь, …, ви́дят *uv.* (увúдеть *v.*)	sehen
витри́на	Schaufenster
внача́ле	zuerst
вон та́м	dort (in der Ferne)

вообще́-то	eigentlich
вспомина́ть, -ю, -ешь, …, -ют *uv.* (вспо́мнить *v.*)	sich erinnern
вспо́мнить, -ю, -ишь, …, -ят *v.* (вспомина́ть *uv.*)	sich erinnern
встать, вста́ну, вста́нешь, …, вста́нут *v.* (встава́ть *uv.*)	aufstehen
де́вушка	junges Mädchen; Fräulein (*Anrede*)
де́ньги *Nom. Pl.*	Geld
для + *Gen.*	für
е́вро *m*	Euro
жо́стовский, -ая, -ое; -ие	aus Shostowo
зарабо́тать, -ю, -ешь, …, -ют *v.* (зараба́тывать *uv.)*	verdienen
звони́ть, звоню́, звони́шь, …, -я́т *uv.* (позвони́ть *v.*) + *Dat.*	anrufen, telefonieren
знако́мый, -ая, -ое; -ые	bekannt
из де́рева	aus Holz
Как дела́?	Wie geht´s?
ка́сса	Kasse
В ка́ссу пожа́луйста!	Zahlen Sie bitte an der Kasse
копе́йка, копе́ек *Gen.Pl.*	Kopeke
ма́рка, ма́рок *Gen.Pl.*	*hier:* Deutsche Mark
матрёшка	Matrjoschka (Puppe in der Puppe)
ме́бель *f*	Möbel
мо́дный, -ая, -ое: -ые	modern
на Во́лге	an der Wolga
наза́д	*hier:* vor
год наза́д	vor einem Jahr
оформля́ть, -ю, -ешь, …, -ют *uv.* (офо́рмить *v.*)	*hier*: dekorieren
пальто́ *indekl.*	Mantel
пла́тье, -ья *Gen. Sing.*, -ьев *Gen. Pl.*	Kleid
подно́с	Tablett
поду́мать, -ю, -ешь, -ют *v.*	über etwas nachdenken
по́здно	spät
помо́чь, помогу́, помо́жешь, …, помо́гут *v.* (помога́ть *uv.*)	helfen
пото́м	dann; später
продава́ть, продаю́, -ёшь, …, -ю́т *uv.* (прода́ть *v.*)	verkaufen
пфе́нниг	Pfennig
разме́р	Größe
рассма́тривать, -ю, -ешь, …, -ют *uv.* (рассмотре́ть *v.*)	betrachten, genau besehen
рубль, рубля́ *Gen. Sing.*, рубли́ *Nom. Pl.*, рубле́й *Gen. Pl.*	Rubel
ру́сский, -ая, -ое; -ие	russisch

ручна́я рабо́та	Handarbeit
сказа́ть, скажу́, ска́жешь, …, -ут *v.* (говори́ть *uv.*)	sagen
ско́лько	wie viel
собра́ться, -беру́сь, -берёшься, …, -беру́тся *v.* (собира́ться *uv.*)	*hier*: beabsichtigen, vorhaben
сове́товать, -тую, -тушешь, …, -туют *uv.* (посове́товать *v.*)	empfehlen
сон, сны *Nom.Pl.*	Traum
во сне	im Traum
спать, сплю, спишь, …, спят *uv.*	schlafen
сто́ить, сто́ю, -ишь, …, -ят *uv*	kosten
стра́нно	seltsam
сувени́р	Souvenir
су́мка, су́мок *Gen.Pl.*	Einkaufstasche
ту́фли *Pl.*	(Damen-)Schuhe
уви́деть, уви́жу, уви́дишь, …, уви́дят *v.* (видеть *uv.*)	erblicken
улыба́ться, -юсь, -ешься, …, -ются *uv.* (улыбну́ться *v.*)	lächeln
улы́бка	Lächeln
цена́	Preis
цент	Cent
что́-нибудь	etwas
шкаф	Schrank
э́тот, э́та, э́то; э́ти	dieser, diese, dieses; diese
ю́бка	Rock

Уро́к 9

большо́й, -а́я, -о́е; и́е	groß
бутербро́д	Schnitte
быть + *Dat.*	werden
весь, вся, всё; все	ganz
во вре́мя	während
все	alle
де́вочка	Mädchen
де́тский сад	Kindergarten
замеча́ние	Bemerkung
заня́тие	*hier:* Unterrichtsstunde, Unterricht
знако́мить, знако́млю, -о́мишь, …, -о́мят *uv.* (познако́мить *v.*)	bekannt machen
игра́ть, -ю, -ешь, …, -ют *uv.*	spielen
изуча́ть, -ю, -ешь, …, -ют *uv.*	sich mit etwas gründlich beschäftigen; etwas studieren
иногда́	manchmal
иностра́нный, -ая, -ое; -ые (иностра́нный язы́к)	ausländisch, fremd (Fremdsprache)

капу́ста	Kohl
Кем?	*Instr. des Fragepronomens кто?*
ко́фе *m*	Kaffee
легко́	leicht
ле́кция	Vorlesung
литерату́ра	Literatur
ма́льчик	Junge; Knabe
ма́ма	Mutter, Mama
меша́ть, -ю, -ешь, …, -ют *uv.* (помеша́ть *v.*) + *Dat.*	stören
моро́женое, -ого *Gen. Sing., kein Pl.*	Speiseeis
мочь, могу́, мо́жешь, …, мо́гут *uv.* (смочь *v.*)	können, imstande sein
мя́со	Fleisch
назвать *v.* (называ́ть *uv.*) *+Akk. + Instr.*	nennen
неме́цкий, -ая, -ое; -ие (неме́цкий язы́к)	deutsch (deutsche Sprache)
оди́н, одна́; одни́	*hier:* allein
па́па	Papa, Vati
наве́рное	wahrscheinlich
паке́т	*hier*: Tüte
переме́на	Pause in der Schule
пови́дло	Marmelade
пирожо́к	kleine Pastete, kleine Pirogge
по *+Dat.* (ле́кция по литерату́ре)	in
подру́га	Freundin
познако́мить, познако́млю, -о́мишь, …, -о́мят *v.* (знако́мить *uv.*)	bekannt machen
пра́вильно	richtig
проводи́ть (заня́тия)	*hier*: durchführen, abhalten
ра́нец, ра́нца *Gen. Sing.*	Schulranzen
расска́зывать, -ю, -ешь, …, -ют *uv.* (рассказа́ть *v.*)	erzählen
с *+Instr.*	mit, neben
семина́р	Seminar
следи́ть (за), слежу́, следи́шь, …, следя́т *uv.*	aufpassen
сосе́дка, сосе́док *Gen. Pl.*	Nachbarin
стать, ста́ну, ста́нешь, …, ста́нут + *Instr.*, *v.* (станови́ться *uv.*)	etwas werden
стро́гий, -ая, ое; -ие	streng
съесть, съем, съешь, …, съедя́т *v.* (есть *uv.*)	aufessen
учи́тель *m*	Lehrer
учи́тельница	Lehrerin
учи́ть, учу́, у́чишь, …, у́чат *uv.*	unterrichten, lehren, beibringen; lernen
учи́ться, учу́сь, у́чишься, …, у́чатся *uv.*	lernen; studieren (*wo?*)
ходи́ть в шко́лу	Die Schule besuchen
шко́льный , -ая, -ое; -ые	Schul-
экскурсово́д	Fremdenführer
язы́к	Sprache

Уро́к 10

а́втор	Autor
а́дрес, адреса́ *Pl.*	Adresse
бу́дущий, -ая, -ее; -ие	zukünftig
век, века́ *Nom. Pl.*	Jahrhundert
внима́тельно	aufmerksam
вы́ставка	Ausstellung
год рожде́ния	Geburtsjahr
госуда́рственный, -ая, -ое; -ые	staatlich, öffentlich
гардеро́б	Garderobe
дать, дам, дашь, даст, дади́м, дади́те, даду́т *v.* (давать *uv.*)	geben
забы́ть, забу́ду, -ешь, …, -ут *v.* (забыва́ть *uv.*)	vergessen
запо́лнить, запо́лню, -ишь, …, -ят *v.* (заполня́ть *uv.*)	ausfüllen
знако́мство	Bekanntschaft
измене́ние	Veränderung
и́мя, имена́ *Pl.*	Vorname
интересова́ть *uv.*	interessieren
иска́ть, ищу́, и́щешь, …, и́щут *uv.*	suchen
испо́лниться *v.* (исполня́ться *uv.*)	sich jähren
кста́ти	recht, gelegen
ме́сто рабо́ты	Arbeitsplatz
мо́жет быть	vielleicht
москви́ч	Moskauer
над + *Instr.*	über
наруша́ть, -ю, -ешь. …, -ют *uv.* (нару́шить *v.*)	verstoßen
находи́ться, нахожу́сь, нахо́дишься, …, нахо́дятся *uv.*	sich befinden
но́вый, -ая, -ое; -ые	neu
о + *Präp.*	über
О ком? О чём?	Über wen? Worüber?
определи́ть, определю́, -и́шь, …, -я́т *v.* (определя́ть *uv.)*	bestimmen
па́спорт, паспорта́ *Nom. Pl.*	Personalausweis
перестро́йка	Perestrojka
писа́тель *m*	Schriftsteller
под + *Akk. od. Instr.*	unter
позвони́ть, позвоню́, -и́шь, …, -я́т *v.* (звони́ть *uv.*) + *Dat.*	anrufen
пое́хать, пое́ду, пое́дешь, …, пое́дут *v.*	(hin-, los-)fahren
поздравля́ть, -ю, ешь, …, -ют *uv.* (поздра́вить *v.*)	gratulieren
пойти́, пойду́, пойдёшь, …, пойду́т *v.*	gehen
положи́ть, положу́, -о́жишь, …, -о́жат *v.* (класть *uv.*)	(hin-)legen

портфе́ль *m*	Aktentasche
посети́тель *m*	Besucher
пра́вило	Vorschrift, Regel
при + *Präp.*	unter, zur Zeit (*Gen.*)
приба́вить, -а́влю, -а́вишь, …, а́вят *v.* (прибавля́ть *uv.*)	dazurechnen
прие́хать, прие́ду, прие́дешь, …, прие́дут *v.* (приезжа́ть *uv.*)	ankommen
прийти́, приду́, придёшь, …, приду́т *v.* (приходи́ть *uv.*)	ankommen
произведе́ние	Werk
про́шлый, -ая, -ое; -ые	vergangen
путеводи́тель *m*	Reiseführer
росси́йский, -ая, -ое; -ие	russisch (politisch, auf den Staat bezogen)
сдава́ть, сдаю́, -ёшь, …, -ю́т *uv.* (сдать *v.*)	abgeben
сдать, сдам, сдашь, сдаст, сдади́м, сдади́те, сдаду́т *v.*	abgeben
слова́рь	Wörterbuch
социали́зм	Sozialismus
сра́зу	sofort
существова́ть, -у́ю, у́ешь, …, у́ют	bestehen
теа́тр	Theater
телефо́н	Telefon
формуля́р	Formular
царь	Zar
чита́льный зал	Lesesaal
чита́тель *m*	Leser
юбиле́йный, -ая, -ое; -ые	Jubiläums-

Уро́к 11

ба́нковская ка́рточка	Bankkarte
банкома́т	Geldautomat
бланк	Formular
броса́ть, -ю, -ешь, …, -ют *uv.* (бро́сить *v.*)	werfen
ва́жный, -ая, -ое; -ые	wichtig
ве́чер, вечера́ *Nom. Pl.*	Abend
ви́деться, ви́жусь, ви́дишься, …, ви́дятся *uv.* (уви́деться *v.*)	sich sehen, sich treffen
вре́мя, вре́мени *Gen. Sing., n*	Zeit
встре́титься, встре́чусь, -е́тишся, …, встре́тятся *v.* (встреча́ться *uv.*)	sich treffen
В кото́ром часу́ мы встре́тимся?	Um wie viel Uhr treffen wir uns?
второ́й, -а́я, -о́е; -ы́е	zweite(r)
восьмо́й, -а́я, -о́е; -ы́е	achte(r)
выходны́е дни	Wochenende
гости́ница	Hotel

гудо́к, гудки́ *Nom. Pl.*	*hier:* Besetztzeichen
дава́ть, даю́, даёшь, …, даю́т *uv.* (дать *v.*)	geben
девя́тый, -ая, -ое; -ые	neunte(r)
де́ло, дела́ *Pl.*	Angelegenheit
деся́тый, -ая, -ое; -ые	zehnte(r)
дли́нный, -ая, -ое; -ые	lang
дозвони́ться, дозвоню́сь, -ни́шся, …, -ня́тся *v.* (дозва́ниваться *uv.*)	(telefonisch) erreichen, Anschluss bekommen
зака́з	Bestellung
зака́з при́нят	*hier*: Ihr Gespräch ist angemeldet
заказа́ть, закажу́, зака́жешь, …, зака́жут *v.* (зака́зывать *uv.*)	bestellen
заказно́е письмо́	eingeschriebener Brief
закрыва́ться , -юсь, -ешься, …, -ются *uv.* (закры́ться *v.*)	schließen
за́нято	besetzt
записа́ть, запишу́, -пи́шешь, …, -пи́шут *v.* (запи́сывать *uv.*)	eintragen
знако́миться, знако́млюсь, -мишься, …, -мятся *uv.* (познако́миться *v.)*	sich bekannt machen; kennen lernen; besichtigen
колле́кция	Sammlung
коне́ц	Ende
Кото́рый час?	Wie spät ist es?
Кремль *m*	Kreml
меня́ть (на + *Akk.*), -ю, -ешь, …, -ют *uv.* (обменя́ть *v.*)	wechseln gegen
мину́та	Minute
моско́вский, -ая, -ое; -ие	Moskauer (*Adj.*)
на второ́й день	am zweiten Tag
На како́е вре́мя?	Für welche Zeit?
набра́ть, наберу́, наберёшь, …, наберу́т *v.* (набира́ть *uv.*)	wählen
нале́во	links
напра́во	rechts
неуже́ли	Wirklich? Ist es möglich?
ну́жно	es ist notwendig, nötig
обме́нный пункт	Wechselstelle
обменя́ть *Akk.* на *Akk.*, -ю, -ешь, …, -ют *v.* (меня́ть *uv.*)	wechseln gegen
ой	o je
окно́	*hier:* Schalter
осмотре́ть, -ю́, -о́тришь, …, -трят *v.* (осма́тривать *uv.*)	besichtigen, betrachten
открыва́ться, -юсь, -ешься, …, -ются *uv.* (откры́ться *v.*)	öffnen
откры́тка (с ви́дом)	Ansichtskarte
отпра́вить, отпра́влю, отпра́вишь, …, отпра́вят *v.* (отправля́ть *uv.*)	absenden

о́чередь *f*	Reihe, Schlange
пе́рвый, -ая, -ое; -ые	erste(r)
переры́в на обе́д	über Mittag geschlossen
переу́лок	Gasse
по *(Dat.)*	durch
по доро́ге	unterwegs
поверну́ть, поверну́, повернёшь, …, поверну́т *v.* (повора́чивать *uv.*)	abbiegen, einbiegen
повторя́ть, -ю, -ешь, …, -ют *uv.* (повтори́ть *v.*)	wiederholen
полови́на	Hälfte, halb-
посла́ть, пошлю́, пошлёшь, …, пошлю́т *v.* (посыла́ть *uv.*)	senden, schicken
посы́лка	Paket
по́чта	Post
почто́вая ма́рка	Briefmarke
почто́вый я́щик	Briefkasten
присла́ть, пришлю́, пришлёшь, …, пришлю́т *v.* (присыла́ть *uv.*)	schicken
прости́ть, прощу́, прости́шь, …, простя́т *v.* (проща́ть *uv.*)	verzeihen
пря́мо	geradeaus
пя́тый	rechte(r)
разгово́р	Gespräch
седьмо́й	siebte(r)
снача́ла	zunächst
сро́чно	dringend; eilig
сро́чный, -ая, -ое; -ые	eilig; dringend
ста́рый, -ая, -ое; -ые	alt
телегра́мма	Telegramm
телефо́н-автома́т	Telefonzelle
тре́тий, -тья, -тье; -тьи	dritte(r)
худо́жественный, -ая, -ое; -ые	künstlerisch
че́тверть *f*	Viertel
четвёртый, -ая, -ое; -ые	vierte(r)
что́бы	um zu; dass
шесто́й, -ая, -ое; -ые	sechste(r)

Уро́к 12

А как же ма́ма?	Und was ist dann mit der Mutter?
атеи́ст	Atheist
берёза	Birke
весёлый, -ая, -ое; -ые	lustig, heiter, fröhlich
встреча́тся, -юсь, -ешься, …, - ются *uv.* (встре́титься *v.*)	sich sehen, sich treffen
да	*hier:* und
двор	Hof

двухко́мнатная кварти́ра	Zweizimmerwohnung
дела́	*hier:* ich habe zu tun
де́рево, дере́вья *Nom. Pl.*	Baum
достопримеча́тельность *f*	Sehenswürdigkeit
друго́й, -а́я, -о́е; -и́е	and(e)re
же́нщина	Frau
жизнь *f*	Leben
за	für
Спаси́бо за приглаше́ние.	Danke für die Einladung.
забыва́ть, -ю, -ешь, …, -ют *uv.* (забы́ть *v.*)	vergessen
измени́ться *v.* (изменя́ться *uv.*)	sich verändern
ка́ждый, -ая, -ое; -ые	jeder
ка́ждый год	alljährlich
кото́рый, -ая, -ое; -ые	welcher, welche, welches; welche (der, die, das; die)
ку́ры	Hühner
лома́ть, -ю, -ешь, …, -ют *uv.* (слома́ть *v.*)	*hier:* zerstören, abreißen, einreißen
молодёжь *f*	Jugend
молодо́й, -а́я, -о́е; -ы́е	jung
на	*hier:* für
на две неде́ли	für zwei Wochen
наро́д	Volk
незнако́мый, -ая, -ое; -ые	unbekannt
но́вость *f*	Neuheit; Neuigkeit
нра́виться, нра́влюсь, нра́вишься, …, нра́вится *uv.* (понра́виться *v.*)	gefallen
обсужда́ть, -ю, -ешь, …, -ют *uv.* (обсуди́ть *v.*)	besprechen, erörtern
о́бщество	Gesellschaft
огоро́д	Gemüsegarten
о́коло + *Gen.*	neben
окра́ина	Stadtrand
о́пиум	Opium
оста́ться, остаю́сь, остаёшься, …, остаю́тся *v.* (остава́ться *uv.*)	bleiben
пе́нсия	Rente
пиро́г, пироги́ *Nom. Pl.*	Pirogge (gefüllte Pastete); Kuchen
приглаша́ть, -ю, -ешь, …, -ют *uv.* (пригласи́ть *v.*)	einladen
приезжа́ть, -ю, -ешь, … –ете *uv.* (прие́хать *v.*)	(an)kommen
приходи́ть, прихожу́, прихо́дишь, …, *uv.* (прийти́ *v.*)	kommen
по + *Dat.*	in
по телеви́зору	im Fernsehen
пока́зывать, -ю, -ешь, …, -ют *uv.* kommen(показа́ть *v.*)	zeigen
помога́ть, -ю, -ешь, …, -ют *uv.* (помо́чь *v.*)	helfen
посети́ть, посещу́, посети́шь, …, посетя́т *v.* (посеща́ть *uv.*)	besuchen

посмотре́ть, посмотрю́, посмо́тришь, ..., -ят *v.* (смотре́ть *uv.*)	schauen
пост	Fastenzeit
попро́бовать, попро́бую, попро́буешь, ..., попро́буют *v.* (про́бовать *uv.*)	kosten
приглаше́ние	Einladung
приезжа́ть, -ю, -ешь, -ют *uv.* (прие́хать *v.*)	(an)kommen, anreisen
прожи́ть на + *Akk.*	*hier:* auskommen mit
пусть	lass
раз	Mal
в друго́й раз	ein andermal
в после́дний раз	das letzte Mal
в э́тот раз	diesmal
разру́шить, -шу, -шишь, ..., шат *v.* (разруша́ть *uv.*)	zerstören
ра́ньше	früher
рассказа́ть, расскажу́, расска́жешь, ..., расска́жут *v.* (расска́зывать *uv.*)	erzählen
ребёнок, ребёнка *Gen. Sing.*, де́ти *Nom. Pl.*	Kind
рели́гия	Religion
скаме́йка, скаме́ек *Gen. Pl.*	(Sitz)bank
слу́жба	*hier:* Gottesdienst
споко́йно	ruhig
стару́шка, стару́шек *Gen. Pl.*	altes Mütterchen, alte Frau
сюда́	hierher
торопи́ться, тороплю́сь, торо́пишься, ..., торо́пятся *uv.*	sich beeilen
тут	hier
це́рковь *f*, це́ркви *Gen. Sg.*	Kirche

Уро́к 13

архитекту́рный, -ая, -ое; -ые	architektonisch
аэропо́рт	Flughafen
биле́т	Fahrkarte, Ticket
ваго́н	Waggon, (Eisenbahn-) Wagen
вещь *f*	Sache
вид	hier: Blick, Aussicht
вылета́ть, -ю, -ешь, ..., -ют *uv.*	abfliegen, starten
вы́лететь, вы́лечу, вы́летишь, ..., вы́летят *v.*	abfliegen, starten
Герма́ния	Deutschland
горди́ться, горжу́сь, горди́шься, ..., гордя́тся *uv.*, + *Instr.*	stolz sein
гру́ппа	Gruppe
дово́лен, дово́льна, дово́льно; дово́льны + *Instr.*	zufrieden (sein)
до свида́ния	auf Wiedersehen
е́сли	wenn, falls

жи́тель *m*	Einwohner
знамени́т, -а, -о; -ы + *Instr.*	berühmt, bekannt (sein)
знамени́тый, -ая, -ое; -ые	berühmt
Золото́е кольцо́	Goldener Ring (*vgl.Landeskundeabschnitt*)
исто́рия	Geschichte
Кака́я уда́ча!	Welches Glück!
ключ	Schlüssel
когда́	*hier:* wenn
кошелёк, кошелька́ *Gen. Sing.*	Geldbörse
Кра́сная пло́щадь	Roter Platz
лета́ть, -ю, -ешь, …, -ют *uv.*	fliegen
лете́ть, лечу́, лети́шь, …, летя́т *uv.*	fliegen
любова́ться, -бу́юсь, -бу́ешься, …, -бу́ются *uv.* (полюбова́ться *v.*) + *Instr.*	bewundern, mit Vergnügen betrachten
маршру́т	Reiseroute
ме́жду + *Instr.*	zwischen
наприме́р	zum Beispiel
недорого́й, -а́я, -о́е; -и́е	billig, preiswert
но́мер, номера́ *Nom. Pl.*	Hotelzimmer
но́мер на двои́х	Doppelzimmer
отде́льный, -ая, -ое; -ые	einzeln
останови́ться, -новлю́сь, -но́вишься, …, -но́вятся *v.* (остана́вливаться *uv.*)	absteigen, logieren
отпра́виться, отпра́влюсь, отпра́вишься, …, отпра́вятся *v.*	abfahren (Zug)
отправля́ться, отправля́юсь, -я́ешся, …, -я́ются *uv.*	abfahren (Zug)
отходи́ть, отхожу́, отхо́дишь, …, отхо́дят *uv.* (отойти́ *v.*)	abfahren
па́мятник *(Dat.)*	Denkmal
пе́ред + *Instr.*	vor
платфо́рма	Bahnsteig
пло́щадь *f*	Platz
пое́здка	Fahrt, Reise
показа́ть, покажу́, пока́жешь, … , пока́жут *v.* (пока́зывать *uv.*)	zeigen
полоте́нце	Handtuch
понра́виться, -нра́влюсь, -нра́вишься, …, -нра́вятся *v.* (нра́виться *uv.*)	gefallen
пора́	es ist (wird) Zeit
послу́шать, -ю, -ешь, …, -ют *v.*	hören
Послу́шай!	Hör(e) mal!
пра́вда	*hier:* wirklich
прибы́ть, прибу́ду, прибу́дешь, …, прибу́дут *v.*	ankommen
прибыва́ть, -ю, -ешь, …, -ют *uv.*	ankommen
прилета́ть, -ю, -ешь, …, -ют *uv.*	landen, ankommen
прилете́ть, прилечу́, прилети́шь, …, прилетя́т *v.*	landen, ankommen

пройти́, пройду́, пройдёшь, …, пройду́т *v.* (проходи́ть *uv.*)	kommen, vorbeigehen
пря́мо	*hier:* direkt
путеше́ствие *(по + Dat.)*	Reise (durch mehrere Orte)
рейс	*hier:* Flug
реши́ть, решу́, реши́шь, …, реша́т *v.* (реша́ть *uv.*)	entscheiden
Росси́я	Russland
руба́шка	Hemd
ря́дом с + *Instr.*	neben, in der Nähe
самолёт	Flugzeug
свой, -я́, -ё; -и́	sein; *reflex. Possessivpronomen*
Сла́ва Бо́гу!	Gott sei Dank!
слу́шать, -ю, -ешь, …, -ют *uv.*	hören
собо́р	Dom
спа́льный, -ая, -ое; -ые	Schlaf-…
спа́льный ваго́н	Schlafwagen
та́кже	auch; gleichfalls, ebenfalls
тураге́нство (туристи́ческое аге́нство)	Reisebüro
уда́ча	Gelingen, Erfolg
узна́ть, -ю, -ешь, …, -ют *v.* (узнава́ть *uv.*)	erfahren
чемода́н	Koffer
явля́ться, -юсь, -ешься, …, -ются *uv.* (яви́ться v.) + *Instr.*	sein, darstellen

Уро́к 14

а́вгуст	August
апре́ль *m*	April
в ночь с *(Gen.)* **… на** *(Akk.)*	in der Nacht von … zum
ви́за	Visum
вдруг	plötzlich
Дед Моро́з	Väterchen Frost
дверь *f*	Tür
дека́брь, декабря́ *Gen. Sing.*	Dezember
ёлка	Tannenbaum
заде́рживаться, -юсь, -ешься, …, -ются *uv.* (задержа́ться *v.)*	sich (zu lange) aufhalten
звоно́к, звонка́ *Gen. Sing.*	das Klingeln, Klingelzeichen
зда́ние	Gebäude
изве́стие	Nachricht
ию́нь *m*	Juni
ию́ль *m*	Juli
к тому́ же	zudem, überdies
календа́рь, календаря́ *Gen. Sing.*	Kalender
командиро́вка	Dienstreise

ле́стница	*hier*: Treppenhaus, Aufgang
май	Mai
март	März
на Рождество́	zu Weihnachten
на у́лице	*hier:* draußen
нали́чный	bar
Но́вый год	Neujahr
ноя́брь	November
октя́брь, октября́ *Gen. Sing.*	Oktober
открыва́ть, -ю, -ешь, …, -ете *uv.* (откры́ть *v.*)	öffnen
плати́ть, плачу́, пла́тишь, …, пла́тят *uv.* (заплати́ть *v.*)	zahlen
пожела́ть, -ю, -ешь, …, -ете *v.* (жела́ть *uv.*)	wünschen
поздра́вить, поздра́влю, -а́вишь, …, -а́вят *v.* (поздравля́ть *uv.*) кого́ (*Akk.*) с чем *(Instr.)*	jmdm. zu etw. gratulieren
посо́льство	Botschaft (Institution)
правосла́вный, -ая, -ое; -ые	russisch-orthodox
пра́здник	Fest
превыша́ть ско́рость *uv.* (превы́сить ско́рость *v.*)	die Geschwindigkeit überschreiten
ра́дость *f*	Freude
реда́кция	Redaktion
рожде́ственский, -ая, -ое; -ие	weihnachtlich
Рождество́	Weihnachten
сентя́брь *m*	September
си́льный, -ая, -ое; -ые	stark
ско́рость *f*	Geschwindigkeit
слы́шать, шу, -шишь, …, -шат *uv.* (услы́шать *v.*)	hören
смея́ться, смею́сь, -ёшься, …, -ю́тся *uv.* (засмея́ться *v.)*	lachen
снег	Schnee
снег идёт	Es schneit
снять, сниму́, сни́мешь, …, сни́мут *v.* (снима́ть *uv.*)	ablegen
соче́льник	Heiliger Abend
сча́стье	Glück
счастли́вый, -ая, -ое; -ые	glücklich
това́рищ	Freund; Genosse
шко́льный това́рищ	Schulfreund
тра́нспорт	Verkehrsmittel
тра́нспорт не хо́дит	die Verkehrsmittel fahren nicht
февра́ль *m*	Februar
число́, чи́сла *Nom. Pl.*	*hier*: Datum
Како́е сего́дня число́?	Der Wievielte ist heute?
шампа́нское, -ого *n*	Sekt, Champagner
штраф	Strafgebühr
янва́рь *m*	Januar

Уро́к 15

бере́чь, берегу́, бережёшь,…, берегу́т *uv.*	hüten, bewachen; bewahren
блю́до	Gericht, Speise
Бороди́нское по́ле	Borodinskojefeld – Ort der entscheidenden Schlacht zwischen russischen und französischen Truppen 1812
быва́ть, -ю, -ешь, …, -ют *uv.*	*hier:* vorkommen
В наро́де говоря́т…	Der Volksmund sagt…
Вели́кий пост	die großen Fasten
ве́рующий, -ая; -ие	der Gläubige
весели́ться, веселю́сь, весели́шься, …, веселя́тся *uv.*	sich vergnügen, sich amüsieren
вку́сный, -ая, -ое; -ые	schmackhaft, lecker
Всего́ хоро́шего!	Abschiedsgruss, Alles Gute!, abgeleitet von: Жела́ю вам всего́ хоро́шего!
война́	Krieg
вопро́с	Frage
делово́й	Geschäfts-
деловáя поéздка	Geschäftsreise
докуме́нты	Papiere, Ausweisdokumente
за́ городом	in der Umgebung, auf dem Lande
зима́	Winter
зимо́й	im Winter
икра́	Kaviar
истори́ческий музе́й	Geschichtsmuseum
карнава́л	Karneval
кли́мат	Klima
когда́	*hier:* als
краси́во	schön
лы́жи *Pl.*	Ski
ката́ться на лы́жах	Ski laufen
ма́сленица	Fastnachtwoche, Butterwoche
моро́з	Frost
мя́гкий кли́мат	mildes Klima
на друго́й день	am nächsten Tag
нача́ло	Beginn
не́сколько	ein paar; einige
нос, носы́ *Nom. Pl.*	Nase
объясни́ть, объясню́, -ни́шь, …, -ня́т *v.* (объясня́ть *uv.*)	erklären
одна́ко	aber, jedoch
отве́тить, отве́чу, -тишь, …,-тят *v.* (отвеча́ть *uv.*)	antworten, beantworten
пассажи́р	Fahrgast
пейза́ж	Landschaft
перча́тка	Handschuh
по пе́рвому сне́гу	nach dem ersten Schneefall, auf dem ersten Schnee, über den ersten Schnee

подгото́виться, подгото́влюсь, -то́вишься, …, -то́вятся *v.* (подгота́вливаться *uv.*)	sich vorbereiten
по́ле	Feld
про́воды	Abschied
ра́зный, -ая, -ое; -ые	unterschiedlich, verschieden
ры́ба	Fisch
сле́ва	links
спра́ва	rechts
сфотографи́ровать, -и́рую, -и́руешь, …, -и́руете *v.* (фотографи́ровать *uv.*)	fotografieren
так что	*hier*: daher
тамо́женник	Zollbeamte
та́ять, та́ю, та́ешь, …, та́ют	tauen
тёплый, -ая, -ое; -ые	warm
торго́вый центр	Einkaufszentrum
у *(Gen.)*	an *(Dat.)*
удивлён (он удивлён)	(er ist) erstaunt
фотографи́ровать, -ю, -ешь, …, -ете *uv.* (сфотографи́ровать *v.*)	fotografieren
францу́зский, -ая, -ое; -ие	französisch
хо́лодно	kalt
центра́льный, -ая, -ое; -ые	zentral
ча́стный, -ая, -ое; -ые	privat
ша́пка	Mütze, Kappe

Уро́к 16

аллерги́я	Allergie
боле́знь	Krankheit, Leiden
боле́ть, боли́т, боля́т *nur 3.Pers.*	schmerzen, weh tun
У меня́ боли́т голова́.	Ich habe Kopfschmerzen.
бы	*Partikel zur Bildung der Konditionalform*
весна́ *Pl. ungebr.*	Frühjahr
во́здух *Pl. ungebr.*	Luft
возмо́жность *f*	Gelegenheit, Möglichkeit
врач	Arzt
вы́писать, вы́пишу, -шешь,…, -шут *v.* (выпи́сывать *uv.*)	*hier:* verschreiben; ausstellen
голова́, го́ловы *Nom. Pl.*	Kopf
да	aber, doch *adversative Konjunktion*
Да не́т!	Kaum!
дождь	Regen
дыша́ть, -шу́, ды́шишь, …, ды́шат *uv.*	atmen
жа́ловаться, жа́луюсь, -ешься, …, -ются *uv.* (пожа́ловаться *v.*) на + *Akk.*	sich beschweren; sich beklagen über
На что жа́луетесь?	Was fehlt Ihnen?
заво́д	Werk, Fabrik

загрязнённый, -ая, -ое; -ые	verschmutzt
здоро́вый, -ая, -ое; -ые	gesund
зна́ние	Kenntnis, Wissen
иску́сственный	künstlich
кисло́тный дождь	saurer Regen
кру́пный го́род	Großstadt
ле́то	Sommer
ло́шадь *f*	Pferd
на́сморк	Schnupfen
недово́лен	unzufrieden
не то́лько…, но и…	nicht nur…, sondern auch…
никто́	niemand
обижа́ться, -юсь, -ешься, …, -ются *uv.* (оби́деться *v.*)	übel nehmen, beleidigt sein
окружа́ющая среда́ *kein Pl.*	Umwelt
окруже́ние	Umgebung
о́сень *f*	Herbst
охра́на	Schutz
охраня́ть, -ю, -ешь, …, -ют *uv.* (охрани́ть *v.*)	schützen
пла́вать, -ю, -ешь, -ете *uv.*	schwimmen
проходи́ть, …, прохо́дит, …, прохо́дят *nur 3. Pers. Sing. und Pl. uv.* (пройти *v.*)	aufhören, weg sein
реце́пт	Rezept
роди́ться, рожу́сь, роди́шься, …, -я́тся *v.* (рожда́ться *uv.*)	geboren werden
све́жий, -ая, -ее; -ие	frisch
смени́ть, сменю́, сме́нишь, …, сме́нят *v.* (меня́ть *uv.*)	wechseln
совреме́нный, -ая, -ое; -ые	modern, gegenwärtig
совреме́нная молодёжь	die Jugend von heute
стари́к	alter Mann
температу́ра	Temperatur, Fieber
-то	*Partikel*
уважа́ть, -ю, -ешь, …, -ют *uv.* (ува́жить *v.*)	achten, schätzen
умере́ть, умру́, умрёшь, …, умру́т *v.* (умира́ть *uv.*)	sterben
хи́мик	Chemiker
хи́мия	Chemie
челове́к, лю́ди *Nom. Pl.*	Mensch
чи́стый, -ая, -ое; -ые	rein, sauber
Что тако́е…?	*hier:* Was ist…?
шум, шумы́ *Nom. Pl.*	Lärm
Э́то сли́шком!	Du übertreibst! Das ist (zu) stark!
Э́х!	Ach! Oh! *(drückt Mitleid, Bedauern, Vorwurf, Bedrücktheit aus)*

Уро́к 17

автоно́мия	Autonomie
арбу́з	Wassermelone
бо́льше	mehr
буты́лка	Flasche
буха́нка	Laib
ве́село	lustig
видеосало́н	Vorführraum für Videofilme
возвраща́ться, -юсь, -ешься, …, ются *uv.* (возврати́ться *v.*)	zurückkehren
Во́лга-ма́тушка	Mutter Wolga
вы́глядеть, -гляжу, -глядишь, …, -глядят *uv.*	aussehen
вы́пить, вы́пью, вы́пьешь, вы́пьет, вы́пьем, вы́пьете, вы́пьют *v.* (выпива́ть *uv.*)	austrinken
высо́кий, -ая, -ое; -ие	*hier:* groß
десе́рт	Nachtisch
ды́ня	Honigmelone
жа́рко	heiß
за	*hier:* an
зада́ча	Aufgabe
зака́зывать, -ю, -ешь, …, -ют *uv.* (заказа́ть *v.*)	bestellen
зара́нее	im Voraus
име́ть, -ю, -ешь, …, -ют *uv.*	haben, besitzen
карто́шка *nur im Sg.*	Kartoffel
каю́та	Kajüte
килогра́мм	Kilogramm
киломе́тр	Kilometer
кинозá л	Vorführraum für Filme
костю́м	Anzug; Kostüm
кро́ме того́	außerdem
культу́рный, -ая, -ое; -ые	kulturell, Kultur-
кусо́к, куска́ *Gen. Sing.*, куски́ *Nom. Pl.*	Stück
кусо́чек	Stückchen, Scheibe; kleines Stück
литр	Liter
меню́ *n, indekl.*	Speisekarte
минера́льная вода́	Mineralwasser
мужчи́на *m*	Mann
на второ́е	als 2. Gang, Hauptgericht
на десе́рт	als Nachspeise
на пе́рвое	als 1. Gang (Suppe)
найти́, найду́, найдёшь, … найду́т *v.* (находи́ть *uv.*)	finden
напро́тив + *Gen.*	gegenüber von
национа́льность *f*	Nationalität
по национа́льности	der Nationalität nach
нетру́дный, -ая, -ое; -ые	nicht schwierig, leicht
Ну и как…?	Na und…?

опозда́ть, -ю, -ешь, …, -ют *v.* (опа́здывать *uv.*)	sich verspäten
пи́сьменный стол	Schreibtisch
плыть, плыву́, плывёшь, …, плыву́т *uv.*	schwimmen
по Во́лге	die Wolga entlang
после́дний, -яя, -ее; -ие	letzte (r)
привезти́, привезу́, -везёшь, …, -везу́т *v.* (привози́ть *uv.*)	mitbringen
рад, ра́да; ра́ды	froh, zufrieden
разреши́ть, -шу́, -ши́шь, …, -ша́т *v.* (разреша́ть *uv.*)	gestatten, erlauben
расстоя́ние	Entfernung
рестора́н	Restaurant
реши́ть, -у́, -и́шь, …, -а́т *v.* (реша́ть *uv.*)	*hier:* lösen (eine Aufgabe)
рост	Wuchs
сесть, ся́ду, ся́дешь, …, ся́дут *v.* (сади́ться *uv.*)	sich setzen
ску́чно	langweilig
споко́ен, споко́йна, -но; -ны	ruhig
стака́н	Glas
сто́лик	Tisch, *Diminutiv von стол*
страни́ца	Seite
сходи́ть, схожу́, схо́дишь, …, схо́дят *v.*	gehen
так как	da, weil
теплохо́д	Dampfer
тече́ние	Strom; Strömung
то	*Konjunktion* so, dann
я́блоко	Apfel

Уро́к 18

ава́рия	Verkehrsunfall
А́нглия	England
англи́йский	englisch
бензи́н	Benzin
бле́ден, -а́, -о; -ы	blass
бли́зко	nahe, in der Nähe
бо́лее	*zur Bildung des Komparativs bei Adjektiv oder Adverb*
бо́лее подро́бно	ausführlicher
бо́лен, больна́; больны́	krank sein
бо́льше	mehr
бо́льше всего́	am meisten
води́тель	Fahrer
волнова́ться, волну́юсь, волну́ешься, …, волну́ются *uv.*	*hier:* sich Sorgen machen
всё же	*hier:* doch

встре́тить, встре́чу, -ре́тишь, …, -тят *v.* (встреча́ть *uv.*)	treffen
вы́ехать, вы́еду, вы́едешь, …, вы́едут *v.* (выезжа́ть *uv.*)	wegfahren, verlassen
да́льше	weiter
двух	*Gen. von два*
дежу́рный врач	diensthabender Arzt
доро́га	Weg, (Land-) Straße
доро́жный, -ая, -ое; -ые	Verkehrs-, Straßen-
заболе́ть, -ю, -ешь, …, -ют *v.* (боле́ть *uv.*)	erkranken
забра́ть, заберу́, заберёшь, …, заберу́т *v.* (забира́ть *uv.*)	(weg)nehmen
запра́вка	Tankstelle
интересова́ться, -су́юсь, су́ешься, …, -ются *uv.*	sich interessieren
Как прое́хать…?	Wie kommt man…? (mit dem Auto)
когда́-нибудь	irgendwann
лу́чше	besser
молодо́й челове́к	junger Mann (*Anrede*)
мото́р	Motor
наде́яться, -де́юсь, -е́ешься, …, -е́ются *uv.* (понаде́яться *v.*)	hoffen
наконе́ц	schließlich, endlich
намно́го	um vieles; bedeutend
на э́той неде́ле	(in) diese(r) Woche
непло́хо	nicht schlecht
нигде́	nirgendwo
никогда́	niemals
никого́	*Gen./ Akk. von никто*
ничего́	*Gen./ Akk. von ничто́*
ничто́	nichts
Ничего́ стра́шного!	Das ist nicht schlimm!Macht nichts!
ока́зывать, -ю, -ешь, …, -ют *uv.* (оказа́ть *v.*)	erweisen
ока́зывать по́мощь	Hilfe leisten
опа́здывать, -ю, -ешь, …, -ют *uv.* (опозда́ть *v.*)	sich verspäten
оста́вить, оста́влю, оста́вишь, …, оста́вят *v.* (оставля́ть *uv.*)	lassen
отвози́ть, отвожу́, отво́зишь, …, отво́зят *uv.* (отвезти́ *v.*)	(weg-), (zurück-), fahren
оши́бка	Fehler
по оши́бке	aus Versehen
па́рень, -рня *Gen. Sing.*	junger Mann
поговори́ть, -ю́, -и́шь, …, -я́т *v.* (говори́ть *uv.*)	reden, besprechen
подро́бно	ausführlich
поликли́ника	Poliklinik
полчаса́	halbe Stunde
по́мощь	Hilfe

попа́сть, попаду́, попадёшь, …, попаду́т *v.* (попада́ть *uv.*)	*hier:* geraten in
попа́сть в ава́рию	einen Unfall haben
поспеши́ть, -шу́, -ши́шь, …, -а́т *v.*	eilen, sich beeilen
пострада́ть, -ю, -ешь, …, ют *v.*	*hier:* verletzt sein
представле́ние	Vorstellung
пробле́ма	Problem
прове́рить, -ю, -ишь, …, -ят *v.* (проверя́ть *uv.*)	(nach-)prüfen
происше́ствие	Vorfall
про́тив	gegen
Я не про́тив.	Ich habe nichts dagegen.
регистра́ция бра́ка	standesamtliche Hochzeit
ремо́нт	Reparatur
с … до	von … bis
са́мый	*bei Adjektiven zur Bildung des Superlativs*
са́мый интере́сный…	der interessanteste…
светофо́р	Ampel
свиде́тель *m*	Zeuge
серьёзно	ernst
ско́рая по́мощь	erste Hilfe
сло́во	Wort
слу́чай	Ereignis
случи́ться *v., unpers.* (случа́ться *uv.*)	passieren, sich ereignen
совсе́м недалеко́	gar nicht weit
ста́нция техни́ческого обслу́живания	Werkstatt
сторона́	Seite
в стороне́	abseits
счита́ть, -ю, -ешь, …, -ют *uv.* (посчита́ть *v.*)	zählen
трёх	*Gen. von* три
у́мный, -ая, -ое; -ые	klug, vernünftig
хвати́ть, *3. Pers. Sing.* хва́тит	ausreichen, langen
ху́же	schlechter, schlimmer
це́лый, -ая, -ое; -ые	ganz
цел и невреди́м	gesund und munter, wohl behalten
чем	als *Konjunktion*

Уро́к 19

безрабо́тица	Arbeitslosigkeit
великоле́пно	großartig
великоле́пный, -ая, -ое; -ые	ausgezeichnet, großartig
вне́шность *f*	Äußere(s)
Вот как…	Ach, so…
Вот како́е де́ло…	Es geht um Folgendes…
гла́вный, -ая, -ое; -ые	*hier:* Haupt-, Chef-
гото́вый, -ая, -ое; -ые	fertig

де́лать поку́пки	Einkäufe machen, einkaufen
Договори́лись?	Abgemacht?
дома́шнее хозя́йство	Haushalt, Haushaltung
домохозя́йка, -хозя́ек *Gen. Pl.*	Hausfrau
же́нский, -ая, -ое; -ие	Frauen-
зайти́, зайду́, зайдёшь, ..., зайду́т	vorbeikommen, vorbeischauen
занима́ться, -юсь, -ешься, ..., -ются *uv.* (заня́ться *v.*)	sich beschäftigen
заня́ться, займу́сь, займёшься, ..., займу́тся *v.*	sich beschäftigen
зараба́тывать, -ю, -ешь, ..., -ют *uv.* (зарабо́тать *v.*)	verdienen
здоро́вье	Gesundheit
ина́че	anders
карье́ра	Karriere
коли́чество	Anzahl
колле́га	Kollege
кулинари́я	*hier*: ein Geschäft, wo halbfertige oder fertige Gerichte angeboten werden
кури́ть, курю́, ку́ришь, ..., ку́рят *uv.* (покури́ть *v.*)	rauchen
куря́щий, -ая, -ее; -ие	Raucher; jemand, der raucht
лаборато́рия	Labor
Мне ка́жется...	Ich habe den Eindruck
мно́гие	viele
непью́щий, -ая, -ее; -ие	jemand, der nicht trinkt
освобожде́ние	Befreiung
оста́вить рабо́ту	aufhören zu arbeiten
отводи́ть, отвожу́, -во́дишь, ..., -дят *uv.* (отвести́ *v.*)	hinbringen, begleiten
партнёр	Partner
переда́ть, -а́м, -а́шь, ...-аду́т *v.* (передава́ть *uv.*)	ausrichten, weitergeben
печь, пеку́, печёшь, ... пеку́т *uv.* (испе́чь *v.*)	backen
поку́пки *Nom. Pl.*	Einkäufe
положе́ние	Lage, Stellung
полуфабрика́т	halbfertiges Gericht, Halbfertiggericht
попроси́ть, попрошу́, -ро́сишь, ..., -ро́сят *v.* (проси́ть *uv.*)	bitten
появи́ться, появлю́сь, поя́вишься, ..., поя́вятся *v.* (появля́ться *uv.*)	auftreten, aufkommen; entstehen
пра́во, права́ *Nom. Pl.*	Recht
предприя́тие	Betrieb
при + *Präp.*	*hier:* bei (lokal)
рабо́чий день	Arbeitstag
равнопра́вие	Gleichberechtigung
ра́вный, -ая, -ое; -ые	gleich, gleichberechtigt
себя́	*reflexives Pronomen*

сиде́ть до́ма	zu Hause bleiben, nicht berufstätig sein
сократи́ться, *1. u. 2 Pers. ungebr., v.* (сокраща́ться *uv.*)	*hier:* sich verringern
столо́вая	Kantine
страна́, стра́ны *Nom. Pl.*	Land
тру́дный, -ая, -ое; -ые	schwer, schwierig
уве́рен, -а; -ы	sicher sein
угости́ть, угощу́, угости́шь, ..., угостя́т *v.* (угоща́ть *uv.*) + *Instr.*	bewirten, zu essen anbieten
устава́ть, устаю́, -ёшь, ..., -ёте *uv.* (уста́ть *v.*)	müde werden
факс	Fax
фемини́стка	Feministin
хозя́йка, хозя́ек *Gen. Pl.*	Gastgeberin; Hauswirtin
эмансипа́ция	Emanzipation

Уро́к 20

бра́чное объявле́ние	Heiratsanzeige
верну́вшись	*hier:* nachdem er zurückgekehrt war
верну́ться, верну́сь, -нёшься, ..., -ну́тся *v.* (возвраща́ться *uv.)*	zurückkommen, zurückkehren
вес	Gewicht
включа́ть, -ю, -ешь, ..., -ют *uv.* (включи́ть *v.*)	einschalten
включён, включена́, вклю́чено; вклю́чены	eingeschaltet
возмуща́ться, -юсь, -ешься, ..., -ются *uv.* (возмути́ться *v.*)	sich empören
возмущён, -а, -о; -ы	empört
во́зраст	Alter
вре́ден, вредна́, вре́дно; вредны́	ungesund, schädlich
вы́йти, вы́йду, вы́йдешь, ..., вы́йдут *v.* (выходи́ть *uv.*)	hinausgehen (einen Raum verlassen)
выпи́сывать, -ю, -ешь, ..., -ют *uv.* (вы́писать *v.*)	abonnieren
газе́тный кио́ск	Zeitungskiosk
гляде́ть, гляжу́, гляди́шь,..., глядя́т *uv.* (гля́нуть *v.*)	schauen, blicken (auf); ansehen
гля́дя	schauend (auf)
грамма́тика	Grammatik
держа́	*hier*: in der Hand (haltend)
держа́ть, держу́, де́ржишь, ..., де́ржат *uv.*	(fest)halten
детекти́в	Krimi
дорого́й, -ая; -ие	*hier:* Liebling
здоро́вье	Gesundheit
занима́ться спо́ртом	Sport treiben

интересу́ющийся (му́зыкой), -щаяся, -щееся; -щиеся	jemand, der sich für (Musik) interessiert
Интерне́т	Internet
информацио́нные програ́ммы	Informations-, Nachrichtensendungen
како́й-нибудь	irgendein, beliebig
како́й-то, кака́я-то, како́е-то; каки́е-то	irgendwelche(r)
кио́ск	Kiosk
компью́тер	Computer
лишь	nur, erst
на сле́дующий год	*hier*: fürs nächste Jahr
наро́дный университе́т	Volkshochschule
не́которые	einige
непрочи́танный, -ая, -ое; -ые	ungelesen
ни … ни	weder…noch
Ничего́ не поде́лаешь.	Da kann man nichts machen.
образо́ванный, -ая, -ое; -ые	gebildet; kultiviert
объявле́ние	Anzeige
одновреме́нно	gleichzeitig
оплати́ть, оплачу́, опла́тишь, …, -тят *v.* (опла́чивать *uv.)*	bezahlen
опублико́ван, -а, -о; -ы	publiziert
опубликова́ть, опублику́ю, -ку́ешь, …, -ку́ют *v.* (опублико́вывать *uv.*)	veröffentlichen, publizieren
оста́вив	*hier:* nachdem er … gelassen hatte
плохо́й, -а́я, -о́е; -и́е	schlecht
По како́й програ́мме?	In welchem Programm?
поня́тно	verständlich
приме́р	Vorbild, Muster, Beispiel
програ́мма	Programm
про́дан, -а, -о; -ы	verkauft
прода́ть, прода́м, -да́шь, …, -ду́т *v.* (продава́ть *uv.*)	verkaufen
прочи́танный, -ая, -ое; -ые	gelesen
пыта́ться, -юсь, -ешься, …, -ются *uv.* (попыта́ться *v.*)	versuchen
пыта́ясь	*hier:* und versuchte
пью́щий, -ая, -ее; -ие	Säufer, Trinker; jemand, der trinkt
решённый, -ая, -ое; -ые	entschieden; gelöst
рука́, ру́ки *Nom. Pl.*	Hand
сообще́ние	Nachricht
спорт	Sport
сре́дства ма́ссовой информа́ции	Massenmedien
стара́ться, -юсь, -ешься, …, -ются *uv.* (постара́ться *v.*)	sich bemühen
телеви́дение	Fernsehen
ти́хо	leise, still, ruhig
тот, та, то; те	jener, jene, jenes; jene
футбо́л	Fußball

футбо́льный матч	Fußballspiel
че́рез Интерне́т	im, übers Internet
эконо́мить, -но́млю, -но́мишь, …, -но́мят *uv.* (сэконо́мить *v.*)	sparen
электро́нная по́чта	E-mail
эмансипи́рованный, -ая, -ое; -ые	emanzipiert

Zahlen bis 1000

ноль	null
оди́н	eins
два	zwei
три	drei
четы́ре	vier
пять	fünf
шесть	sechs
семь	sieben
во́семь	acht
де́вять	neun
де́сять	zehn
оди́ннадцать	elf
двена́дцать	zwölf
трина́дцать	dreizehn
четы́рнадцать	vierzehn
пятна́дцать	fünfzehn
шестна́дцать	sechzehn
семна́дцать	siebzehn
восемна́дцать	achtzehn
девятна́дцать	neunzehn
два́дцать	zwanzig
три́дцать	dreißig
со́рок	vierzig
пятьдеся́т	fünfzig
шестьдеся́т	sechzig
се́мьдесят	siebzig
во́семьдесят	achtzig
девяно́сто	neunzig
сто	hundert
две́сти	zweihundert
три́ста	dreihundert
четы́реста	vierhundert
пятьсо́т	fünfhundert
шестьсо́т	sechshundert
семьсо́т	siebenhundert
восемьсо́т	achthundert
девятьсо́т	neunhundert
ты́сяча	(ein)tausend

Der Index erleichtert Ihnen das Auffinden einer Vokabel im nach Lektionen geordneten Übersetzungsteil. Die Zahlen hinter dem Eintrag verweisen auf die entsprechende Lektion. Sind zwei oder mehr Zahlen angegeben, kommt die Vokabel in unterschiedlichen Bedeutungen vor.

А

Б

В

Bildquellen:
Archiv für Kunst und Geschichte, Berlin: 13, 1–5; 18, 1–2; 83; Heliane Becker, Oelde: 30; 31, 1–4; 47; 58; 61, 1–2; 66, 1–2; 67, 2–3; 71; 72, 1–3; 73, 1; 80; 82; 86, 1–3; 87; 90; 92, 1; 93; 107; 114; 127; 131; 138, 1, 3; 143; Ljudmila Bolgova, Moskau: 61, 3; 97, 1–2; 106, 1–3; Picture Press/Corbis/Schmid; Jürgens Ost und Europa Photo, Berlin: 22, 1–3; 40, 4–5; 45; 53, 1–3; 92, 2; 95; 99, 1–5; 103; 104; 105, 1–3; 112, 1–4; 115, 1–3; 118, 1–4; 123, 1–2; 124, 1–3; 128; 129; Boris Medovoj, Moskau: 31, 2–3; 39, 1–2; 40, 1–3; 52; 65; 68; 73, 2–3; Hans Patzelt, Ambach: 135; 138, 2, 4;

Урóк 2 *Пишет как кýрица лáпой.*
Er hat eine „Sauklaue".

Урóк 3 *Вот где собáка зарыта.*
Da liegt der Hund begraben.

Урóк 4 *Что есть в пéчи, всё на стол мечи.*
Alles, was im Ofen steht, kommt auf den Tisch!

Урóк 5 *Éхать в Тýлу со своим самовáром.*
Eulen nach Athen tragen.

Урóк 6 *Чёрным по бéлому написáно.*
Das steht schwarz auf weiß geschrieben.

Урóк 7 *Не дом хозяина крáсит, а хозяин дом.*
Nicht das Haus verleiht dem Hausherrn Wert, sondern umgekehrt.

Урóк 8 *Не имéй сто рублéй, а имéй сто друзéй.*
Habe nicht 100 Rubel, sondern 100 Freunde.

Урóк 9 *Яйца кýрицу не ýчат.*
Das Ei soll der Henne nichts vormachen.

Урóк 10 *Век живи, век учись.*
Der Mensch (man) lernt nie aus.

Урóк 11 *Игрáть пéрвую скрипку.*
Die erste Geige spielen.

Урóк 12 *Ломáть - не стрóить.*
Abreißen ist leicht, aufbauen ist schwer.

Урóк 13 *В гостях хорошó, а дóма лýчше.*
(Es ist überall gut, aber) zu Hause ist es doch am schönsten.

Урóк 14 *Не с деньгáми жить, а с дóбрыми людьми.*
Man lebt nicht mit Geld, sondern mit guten Menschen.

Урóк 15 *Не всё котý мáсленица, придёт и великий пост.*
Es ist nicht alle Tage Sonntag / Weihnachten.

Урóк 16 *Стáрость не рáдость.*
Das Alter ist keine Freude!

Урóк 17 *Один за всех, все за одногó.*
Einer für alle, alle für einen!

Урóк 18 *Тише éдешь - дáльше бýдешь.*
Eile mit Weile!

Урóк 19 *Человéк – кузнéц своегó счáстья.*
Der Mensch ist seines Glückes Schmied.

Урóк 20 *Ни пýха, ни перá.*
Hals- und Beinbruch!

Liste der geografischen Bezeichnungen

А́страхань	Astrachan; bedeutender Umschlag- und Fischereihafen am Wolgadelta
Влади́мир	Wladimir; alte russische Stadt des „Goldenen Rings“
Во́лга-ма́тушка	Mutter Wolga
Волгогра́д	Wolgograd; vorher Stalingrad, Gebietshauptstadt am rechten, hohen Ufer der Wolga
Во́логда	Wologda; alte Stadt am gleichnamigen Fluss, ca. 400 km nordwestlich von Moskau
Деми́дово	Demidowo; Dorf in der Nähe von Smolensk
Кавка́з	Kaukasus
Казахста́н	Kasachstan
Кострома́	Kostroma; Stadt nordöstlich von Moskau
Крым	Krim
Москва́	Moskau
Ни́жний Но́вгород	Nischni Nowgorod; eine der ältesten russischen Städte, hieß vorübergehend Gorki, heute bedeutende Industriestadt an der Mündung der Oka in die Wolga
Петербу́рг	(St.) Petersburg
Росси́я	Russland
Росто́в на Дону́	Rostow am Don; südrussische Stadt am Ufer des Don, kultureller Mittelpunkt der Region
Росто́в Вели́кий	Rostow Welikij; nördlich von Moskau gelegene Stadt des „Goldenen Rings“
Сара́тов	Saratow; Gebietshauptstadt an der unteren Wolga
Со́чи	Sotschi; Urlaubsort am Schwarzen Meer
Су́здаль	Susdal; im Gebiet Wladimir, eine der ältesten Städte Russlands (erwähnt 1024)
Украи́на	Ukraine
Яросла́вль	Jaroslawl; Großstadt nördlich von Moskau

Druckschrift	Schreibschrift	Aussprache	Beispiel im Deutschen
А а	*А а*	a	B**a**nd
Б б	*Б б*	b	**B**ach
В в	*В в*	w	**W**ald
Г г	*Г г*	g	**G**old
Д д	*Д д*	d	**D**üne
Е е	*Е е*	je/ e	**je**doch
Ё ё	*Ё ё*	jo	**Jo**chen
Ж ж	*Ж ж*	sch	Eta**g**e
З з	*З з з*	s	Va**s**e
И и	*И и*	i	**I**nka
Й й	*Й й*	j	Serge**j**
К к	*К к*	k	**K**ater
Л л	*Л л*	l	**L**uft
М м	*М м*	m	**M**aus
Н н	*Н н*	n	**n**och
О о	*О о*	o	**o**ffen
П п	*П п*	p	**P**a**p**a
Р р	*Р р*	r	**R**ock
С с	*С с*	s	A**s**t
Т т	*Т т*	t	**T**ür
У у	*У у*	u	L**u**ft
Ф ф	*Ф ф*	f	**f**ein
Х х	*Х х*	ch	i**ch**, a**ch**
Ц ц	*Ц ц*	z	**z**wei
Ч ч	*Ч ч*	tsch	Ma**tsch**
Ш ш	*Ш ш*	sch	**sch**ön
Щ щ	*Щ щ*	schtsch	Bor**schtsch**
Ъ ъ	*ъ*	hartes Zeichen	–
Ы ы	*ы*	y(i/ u, nicht ü!)	–
Ь ь	*ь*	weiches Zeichen	–
Э э	*Э э*	e/ ä	n**e**tt, M**ä**hre
Ю ю	*Ю ю*	ju	**Ju**ni
Я я	*Я я*	ja	**Ja**hr